世界名畫家全集 何政廣主編

莫朗迪 Giorgio Morandi

陳英德、張彌彌●合著

藝術家出版社

形而上風景靜物大師

莫朗迪

G. Morandi

陳英德、張彌彌◉合著　　何政廣◉主編

藝術家出版社

目　錄

前 言

　　莫朗迪（Giorgio Morandi，1890～1964）是廿世紀歐洲最具代表性的藝術家之一，他的繪畫給人一種沉穩寂靜的感覺，清新宛若世外桃源的境界。

　　莫朗迪出生於義大利波隆納，在當地美術學校學習，一九一四年所作風景和靜物畫，受塞尚啓示。一九一五年開始傾向形態的單純化。一九一八年之後的兩年間，他與形而上畫派畫家德‧基里訶和卡拉交遊後，創作一系列形而上風格的繪畫，喜愛以球形、圓筒形、橢圓等基本造形物體組合成「靜物」。風格上不同於德‧基里訶和卡拉，他著重形體的表現，喜歡描繪被陽光佔據後顯得虛無的空間，鉤出物體受光後的輪廓，再輕輕塗上幾抹陰影。

　　一九三○年以後，莫朗迪擔任出生地波隆納美術學院版畫教授。他的版畫非常具有獨特個人風格，以銅版蝕刻法技巧，刻出平行斜紋來達到色調漸層的效果。他認爲版畫是在無色彩下對造形進行研究的一種方式，他在版畫創作過程中所得到的漸層色調明暗，是他油畫中彩度色調變化的結果。他的油畫，是從靜物畫出發，壺、花瓶、咖啡杯等並置，一再重複，以此主題描繪，探求他自己的形而上學。在受到塞尚、立體主義、德‧基里訶的影響之外，同時吸收了義大利古典藝術的要素，創造出一種靜穩堅牢的獨自畫境。由於藝術成就卓越，一九四八年榮獲威尼斯國際雙年展繪畫獎。

　　莫朗迪的成功，也許因他是一位天才型的藝術家。年輕時代因經濟困難無法到巴黎學畫，又很少外出旅遊，全憑閱讀藝術雜誌和報章美術評論，瞭解當代藝術發展趨勢，彌補波隆納資訊不足的藝術環境。他自信地說：「如果在義大利像我這一輩年輕畫家中，有誰曾經十二萬分地熱中研讀法國當代藝術發展新趨勢的，那個人就是我。」當時他更時常與朋友聚集在咖啡館，議論當代藝術最新動向。

　　藝評家布蘭迪指出：一九二○年對莫朗迪是極其重要的轉捩點，呼之欲出的形而上靜物繪畫觀，正在他心靈之中醞釀著宗教性的物我同化的澄淨作用。物體並非單單由於光的照射作用或佔據了某個時空後才存在的，而應是透過由發自它本心溫暖的生命力及靈氣而後顯現其存在。所以清晰明確的幾何造形現在也就不重要了。此外，他亦研究在物體、空間及造化之中運行的「光」。光不僅能使一幅畫具體化，並能襯出不同基調的顏色。利用光線的運作而決定色彩的配置，是莫朗迪最典型的手法。他以「光」爲根基的觀念，正說明他貫穿了數百年來義大利繪畫的歷史傳統，並於其中展現了新契機。

　　近年來，莫朗迪的繪畫作品，不斷帶給我們新的領悟。他游刃有餘地捕捉當下的感悟，它們是如此透明清澈、空靈見性，以完全純淨的方式吸引我們的注意。透過他謙抑的手，他的畫總有一種天成的和諧。它們確實如莫朗迪情有獨鍾的見解——刹那間的實有，流逝中的永恆。達到詩與畫完美諧調的境界。

二○○三年十月寫於藝術家雜誌社

形而上風景靜物大師——
喬吉歐・莫朗迪的
生涯與藝術

畫一排瓶子的義大利畫家

　　「那個畫一排瓶子的義大利畫家」，當人們談起喬吉歐・莫朗迪（Giorgio Morandi，1890〜1964）時會這麼說。喬吉歐・莫朗迪畫瓶子、水壺、杯、碗、罐排成一列或擠成一堆，畫一束花在桌面上或插在花瓶裡，也畫房屋，三三兩兩間，卻與參差不齊的樹完滿了畫面。那些瓶瓶罐罐看來原都不起眼，樹和房屋也是普通一般的義大利城鎮或鄉村之景，毫無驚人之處。這樣平凡的物件與風景，莫朗迪以油畫、蝕刻版畫、水彩和素描呈現出來，在畫面上顯示的是卓越的造形對比關係與筆彩交會效應。

　　莫朗迪的調色盤充滿暈色，他是一位色彩與色階複雜變化的操縱者，由一幅畫看到一群畫，我們可以發現他色調的含蓄、色階的細微調整，隨筆的帶動牽引著創意，如呼吸的起伏。隱含、自斂又率真，莫朗迪從不顯著地炫示美感，而是讓識畫的觀者在看似單調無聊的圖像中發現層層籠罩的謎，在質樸、謙遜、淡泊

自畫像　1925年　油彩畫布　63×48.5cm　馬涅里・洛卡基金會藏（前頁圖）

8

風景　1911年　油彩畫布　37.5×52cm　私人收藏

的畫面上看到寧和、清明、幽靜的光輝與魅力。

　　人物的呈現在莫朗迪的畫中不常見，他自己也很少出場，只留有寥寥的幾幅自畫像，但他的靜物與風景卻是人的沉默的對話與世界無言的交語。簡單近於幾何體的清淡物象與灰濛的畫面整體之間，暗藏著形與空間互動的默契，以及時間逃逸之瞬間光影逗留的信息。這就是「那個畫一排瓶子的義大利畫家」的文雅精妙的藝術。

　　做為一個廿世紀的義大利畫家，莫朗迪是義大利具象繪畫範

女人畫像　1912年　油彩畫布　44.3×37cm　波隆納，莫朗迪美術館藏

靜物　1920年　油彩畫布　49.5×52cm　杜塞道夫，北萊茵―威斯特法倫美術館藏

疇沉思者中最傑出的例子，年輕時的他所處的年代正是義大利未
來主義與形而上畫派起落之時，他只略涉足，沒有全身投入。莫
朗迪在繪畫上並無甚革新的意願，他只畫他對世界靜靜的觀照，
十分義大利式的，屬於喬托、法蘭切斯卡、馬薩喬傳統的。在他

靜物　1924年　油彩畫布　52.5×66cm　米蘭市立現代美術館藏

廿世紀前半葉的創作生涯裡，經歷了法西斯政權之對國家文化的
標榜，莫朗迪支持其理念，但他的藝術內容從不附會，他始終保
持著一貫純粹內在的表露。

　　莫朗迪曾不含糊地描述自己是「一個藝術的信仰者，為藝術
本身的追求而非在藝術中尋找宗教社會公理與國家榮耀之事，藝
術非出發去服務其他目的，而是在藝術工作本身，沒有比這信念

静物　1929年　油彩畫布　55×57cm　米蘭布勒拉美術館藏

靜物　1929年　油彩畫布　52×47cm　私人收藏

靜物　1932年　油彩畫布　62×72cm　羅馬國立現當代美術館藏

　　更貼近於我了。」這也是他的好友藝評家兼畫家的阿登哥·索非奇（Ardengo Soffici）讚許他的：「在可見的現實成分中非對其因時因地的偶然之變，作無謂花巧的描繪，而是畫色、線、形服從於整體和諧的信條，像一個和弦之美。」

　　雕塑家麥約說過，一個人可以自一個單一的想法，做出藝術品。在畢卡索的個人中有十個畫家，而在莫朗迪的繪畫中只有一

風景　1934年　油彩畫布　61×55cm　米蘭現代美術館藏

個大觀念，那即是和諧視面的呈示，不僅是一個和弦之美，是數個和弦相連成曲。莫朗迪的執著在此，一生的努力在此。不知莫朗迪曾否問自己在當代藝術中所擔負的任務？有人說他把當代藝術帶出印象主義、表現主義的窠臼，而走向新的古典主義的途徑，也許是對的，但他從沒有如此明白示意，莫朗迪顯著要求自

風景　1932年　油彩畫布　75×60㎝　米蘭當代美術館藏

麥田風景　1935年　油彩畫布　50×70cm　米蘭市立當代美術館藏

己的是將知覺直接呈於畫面，直接向畫負責，這是他作為一個畫
家眞正的職分。這或許是他稱得上「畫家中的畫家」之讚語的原
因。

風景　1935年　油彩畫布　60×71cm　杜林市鎮美術館藏

高大略拘泥的人

　　莫朗迪給人的印象差不多就像我們在照片上看到的那個樣
子，高大、略拘泥，眼睛自深處望出，稍有著人與人保持距離之
感。因為他的身材，在偶有的團體攝影中顯得鶴立雞群，然而年

風景　1935年　油彩畫布　54×60cm　私人收藏

Artist

姓　　名：＿＿＿＿＿＿＿＿＿　性別：男□ 女□ 年齡：＿＿＿＿

現在地址：＿＿＿＿＿＿＿＿＿＿＿＿＿＿＿＿＿＿＿＿＿＿＿

永久地址：＿＿＿＿＿＿＿＿＿＿＿＿＿＿＿＿＿＿＿＿＿＿＿

電　　話：日／＿＿＿＿＿＿＿＿　手機／＿＿＿＿＿＿＿

E-Mail：＿＿＿＿＿＿＿＿＿＿＿＿＿＿＿＿＿＿＿＿＿＿＿

在　　學：□ 學歷：＿＿＿＿＿＿＿　職業：＿＿＿＿＿＿＿

您是藝術家雜誌：□今訂戶　□曾經訂戶　□零購者　□非讀者

客戶服務專線：**(02)23886715**　E-Mail：**art.books@msa.hinet.net**

藝術家書友卡

感謝您購買本書,這一小張回函卡將建立
您與本社間的橋樑。我們將參考您的意見
,出版更多好書,及提供您最新書訊和優
惠價格的依據,謝謝您填寫此卡並寄回。

1.您買的書名是: _____

2.您從何處得知本書:

　　□藝術家雜誌　□報章媒體　□廣告書訊　□逛書店　□親友介紹

　　□網站介紹　　□讀書會　　□其他

3.購買理由:

　　□作者知名度　□書名吸引　□實用需要　□親朋推薦　□封面吸引

　　□其他 _____

4.購買地點: _____ 市 (縣) _____ 書店

　　□劃撥　　　　□書展　　　　□網站線上

5.對本書意見: (請填代號1.滿意 2.尚可 3.再改進,請提供建議)

　　□內容　　　　□封面　　　　□編排　　　　□價格　　　　□紙張

　　□其他建議 _____

6.您希望本社未來出版? (可複選)

　　□世界名畫家　　□中國名畫家　　□著名畫派畫論　　□藝術欣賞

　　□美術行政　　　□建築藝術　　　□公共藝術　　　　□美術設計

　　□繪畫技法　　　□宗教美術　　　□陶瓷藝術　　　　□文物收藏

　　□兒童美育　　　□民間藝術　　　□文化資產　　　　□藝術評論

　　□文化旅遊

您推薦 _____ 作者 或 _____ 類書籍

7.您對本社叢書　□經常買　□初次買　□偶而買

風景　1936年　油彩畫布　60×55cm　米蘭布勒拉美術館藏

風景　1936年　油彩畫布　46×61.5cm　波隆納，莫朗迪美術館藏

輕時代的朋友們覺得他在眾人面前謙遜寡言，有時害羞，有時失
神，相當自我隱遁。他有近視眼，戴圓框眼鏡，穿得像一名公務
員或好運道的工人。年少時鄉氣，年歲大時則轉爲自重矜持。

　　終生定居故鄉波隆納，長期住在封達查街，夏天避暑到格里
查納山居。一生只旅行到翡冷翠、威尼斯、羅馬等義大利城市，

風景　1936年　油彩畫布　53.5×55cm　私人收藏

為的是去看古蹟、美術館與展覽會。僅有一兩次走出義大利邊境
到瑞士。莫朗迪的生活差不多限於他封達查街的樓屋畫室的工
作，以及從封達查街到美術學院間短短一程路上的每日散步。這
段路，這居住區的人不是貴族或布爾喬亞階級，而是工作的人，
據說莫朗迪與鄰近的工匠們相處得很好，他不排斥他們，喜歡與

風景　1936年　油彩畫布　60×60cm　私人收藏

24

風景　1936年　油彩畫布　53.5×63cm　羅馬國立現當代美術館藏

靜物　1936年　油彩畫布　47.5×60cm　波隆納，莫朗迪美術館藏

他們閒談。

　　近於修士般的生活，莫朗迪一生沒有結婚，不曾傳聞羅曼
史，父母過世後，與三位未出嫁的妹妹相依，妹妹們十分呵護
他，料理他的一切起居，夏天到格里查納避暑寫生時一定有一人
陪同他去。

　　一個安靜、有秩序，沒有多少變故的人，莫朗迪愛他的家

靜物　1937年　油彩畫布　62×76cm　私人收藏

人、他生活中的城市、他的家屋、他那不寬敞而簡樸的畫室、灰
塵覆蓋著做爲他畫畫對象的物件。除蒐集多種藝術圖書外，他喜
歡賈科莫・雷奧帕迪（Giacomo Leopardi）的詩集，一直擺在桌
邊。專心作畫之餘樂於閱讀，除此莫朗迪沒有其他嗜好。波隆納
美術學院結業之後，擔任了十餘年小學圖畫老師與校長後回母校
長期任教。這樣讓他的生活得到保證，可以完全集中精神作畫。

其實莫朗迪參與畫壇活動甚早，卅歲以前也有畫廊經營他的畫，但是他似乎不重聲名，不在乎賣畫之事。年歲大時名聲跟著增大，對他成了問題，這影響了他規律的生活。他曾向一位友人解釋他為何拒絕參加一個相當重要的國際展覽，因為邀展的人太勉強他參加了，「他們要趕走我小小的安靜——這對我來說是必要的」。專注繪畫的一生，莫朗迪也不全然就是孤絕消隱的，他在波隆納有幾位文藝朋友，時而促膝對談，他也偶會接受義大利各

靜物　1937年　油彩畫布　45×59cm　私人藏

風景　1940年　油彩畫布　35×50cm　米蘭當代美術館藏（右頁上圖）

靜物　1941年　油彩畫布　私人收藏（右頁下圖）

地或外國訪者，他愉快接待他們，並且侃侃而談，而訪者認爲他
令人印象深刻，可以親近，沒有高高在上，但也意識到自己的存
在與別人的關係。

　　說來莫朗迪一輩子仍是含蓄、光芒隱約的。他的繪畫雖然很
早在義大利藝術圈得到承認與讚賞，在國際藝術圈則較慢才知
名。而在藝術識者之外，莫朗迪是少爲人所知的。義大利電影家
費德里柯‧費里尼在「甜蜜生活」（La dolce vita）的電影中有段
插曲影射的畫家即是莫朗迪，那是一九六〇年的事。

靜物　1938年　油彩畫
布　40×53cm　日内
瓦，揚‧庫魯吉畫廊藏

靜物　1938年　油彩畫
布　31×46cm　私人收
藏（右頁上圖）

靜物　1939年　油彩畫
布　32×56.5cm　義大
利威洛納，斯古多美術
館藏（右頁下圖）

靜物　1938年　油彩畫布　24.1×39.7cm　紐約現代美術館藏

家與畫室

　　喬吉歐・莫朗迪一八九〇年七月廿日生於義大利波隆納城市。他是安德列阿・莫朗迪與瑪琍亞・馬卡費里兩個兒子及三個女兒中最年長者。喬吉歐的小弟弟沒有活過孩童期，而他的三個妹妹終身未嫁，陪伴他終老。

　　喬吉歐・莫朗迪的父親是波隆納中產階級人士，在出口公司任職，收入可讓一家溫飽舒適，在社會上有相當尊嚴。喬吉歐・莫朗迪十六歲時曾到父親的公司見習，一九〇七年他放棄從商的打算，到波隆納的美術學院註冊，先進預修班，接著修一般課程。一九一〇年以後主修人物畫，一九一三年得有文憑結業。在校期間的一些作品被保留了下來，少數素描、最早的一些版畫、

封達查街的家屋庭院　1940年　油彩畫布　30×30cm　波隆納，莫朗迪美術館藏

　　幾幀已經有了個人特質的風景畫，讓人看到在傳統的學院訓練裡，這位年輕的習畫者已在揣摩中找到不少的空間。

　　在校期間的假期和完成學業後的一年中以及一九一四年，在波隆納的一所公立小學教素描及印染課的期間，是莫朗迪一生旅

行較多的時候。他到威尼斯看雙年展，欣賞了雷諾瓦專室展出的卅七件作品，到翡冷翠參觀烏菲茲美術館及重要教堂，特別瞻仰了喬托、馬撒其歐、烏切羅的藝術。又去了羅馬參觀慶祝義大利統一五十週年紀念的國際博覽會，看到莫內、塞尚的油畫，以及中國、日本的東方水墨。這些親身目睹，對莫朗迪十分重要，讓他得以印證他收集的圖片以及藝術書中所見。

一九一五年，第一次世界大戰爆發，他應召入伍，派遣到帕爾瑪手榴彈第二軍團。由於嚴重病痛，只服役了一個半月便送入醫院，接著復元返鄉。在未來的數年中常有重大病痛，有時必須強制自己中斷藝術工作，但他繼續回到波隆納的公立小學教書，直到一九二九年，這期間並且做了四年的校長。終於他受任波隆納的美術學校教職，任蝕刻版畫教授，直到一九五六年。

莫朗迪很少改變他生活與工作固定的節奏。在早年旅行與熱切的學習之後，他寧可不亂更動，怕改變他工作的習慣，連展覽會都少去看，因爲那樣要「攪亂我兩三天」，直到從美術學校退休下來，他的生活在教書與畫室的工作之間平分。退休以後他繼續畫畫，如此數十年間一直在封達查街的樓屋中度過。三個妹妹料理他的起居，母親也直到一九五〇年才去世。莫朗迪雖未婚，但並不孤單。

封達查街的家極普通，莫朗迪選擇一間明亮一點的房間工作，是因爲採光較好，不是在大小與便利與否。其實這畫室沒有天光，只有兩個窗子，大約九平方公尺大，若有客人來參觀畫室，必須通過他某位妹妹的臥室才能走進。戰後鄰居興建房屋使他十分困擾，那樣改變了光線的質地，但是莫朗迪仍然在那狹小雜亂的空間工作，因爲已經習慣那裡。

畫室裡到處都是粗陋的物件，地上、架子上、桌上，每個地方都滿是瓶罐，各種形狀的容器，塞滿任何可塞的空間，除了放兩個簡單畫架的地方之外。一層厚厚的灰塵蓋在這些物件上，那是厚密的、灰色的、絨毛般的灰塵，像一層軟軟的毛毯，那顏色和質地似乎讓所有高的瓶子、深的杯、碗、舊的水壺和咖啡壺、

風景　1940年　油彩畫布　48×53cm　米蘭當代美術館藏

古怪的盒子和錫罐子都處在整體統一的和諧感中。這些就是莫朗
迪靜物畫的模特兒。

　　朋友們敘述莫朗迪紀律的每日生活，說他日日規律地散步，
自封達查街的家門走出，赭石色的牆外是雅靜的路，沿著走不一

靜物　1940年　油彩畫布　42×53cm　米蘭市立現代美術館藏

　　會兒即到了鬧哄哄的市場方地，一兩個轉彎，就是波隆納大學與
波隆納美術學院。莫朗迪不一定每天都走這一程路，但他經常走
過應是事實。

　　　莫朗迪廿三歲時的夏天第一次去了格里查納寫生。格里查納
是波隆納附近的山鎮，夏天較波隆納涼爽。莫朗迪在可能的情況

有水壺的靜物　1940年　油彩畫布　45×51.5cm　私人收藏

下，暑期常到那裡（除了1933至1938年，他改到羅費格度假）。終
於在格里查納，他與妹妹們合力興建了一座二層樓的房屋，簡單
無華，但足以消夏，而且可以畫畫，有庭園林木，背後是草坡和
小丘，莫朗迪的風景畫有許多是在附近取材。

波隆納的文化環境

　　莫朗迪出生的波隆納位於義大利中北部埃米里・羅曼那地區的東邊，約在義大利兩個重要城威尼斯和翡冷翠之間。波隆納在莫朗迪的年代像現在一樣，並不是窮鄉闢壤的鄉下，而是相當繁榮的中產階級的城市，有一個歐洲最古老之一的大學可自豪，波隆納美術學院即設在大學之旁。這裡各門類別，包括美術方面最

靜物　1941年　油彩畫布　25×30cm　波隆納，莫朗迪美術館藏

靜物　1942年　油彩畫布　47×40.5cm　馬涅里・洛卡基金會藏（右頁圖）

Morandi 1942

39

鄉村　1940年　油彩畫布　48×53cm　私人收藏
風景　1940年　油彩畫布　48×41cm　波隆納，莫朗迪美術館藏（右頁圖）

　　新和最具挑戰精神的訊息、觀念很快就在知識階層和大學、學院
的教師與學生之間傳播開來。

　　在波隆納可以買到歐洲各式報章雜誌，至於藝術新聞、評論
文章與最現代作品的印刷圖片都可買到。從莫朗迪最早的作品中
很顯然地看出他很有機會自第一手資料或印刷品中接觸到最前衛
的藝術。比如，很可能他早在一九○八年便由維多利歐・皮卡

風景　1942年　油彩畫
布　27.5×52cm　私人
收藏

（Vittorio Pica）印行的插圖精美的書中認識塞尙，或是在一九〇
九年自《聲響》（La voce）雜誌的印刷圖片上看到。

　　莫朗迪在波隆納美術學院主修人物畫時，他的一些頭像可以
看到義大利「Macchiaioli」即斑痕繪畫的影子，「Macchiaioli」是
義大利十九世紀約略相當於法國印象主義者的繪畫團體，他們致
力於表現戶外光的經驗，經由大膽對比的色塊來建構畫面，以大
筆觸或平塗色彩來塑造形。「Macci」即是斑點或碎片的意思。一
位波隆納美術學院的教授曾是「Macchiaioli」的成員，他一直在
學院任職到莫朗迪註冊該校前幾年，雖然後來退休了，他的影響
力還在美術學院中。

　　這位波隆納美術學院的教授即是小有名氣的風景畫家盧以
基・貝特里（Luigi Bertelli），莫朗迪對他十分欽敬，認爲他是一
位成熟又有創意的畫家。「貝特里畫波隆納城市的一些房屋，屋
頂上下雪時候的風景，雪原是美麗的東西，在貝特里的風景裡顯

靜物　1941年　油彩畫布　27.4×46.4cm　德國弗萊堡，藝術與「藝術科學」學院藏

得更為溫柔，像建築工人在灰泥上塗上一層石灰一樣，貝特里最好的這類作品，屋瓦、屋簷、屋頂上的雪，很有感覺，以一種簡約的幾何形表現，沒有矯作。」莫朗迪曾這樣告訴友人久塞帕·萊蒙第（Giuseppe Raimondi）。

與許多義大利畫家一樣，莫朗迪崇仰喬托、烏切羅、法蘭切斯卡和馬撒其歐的藝術。除此，據說他對與波隆納城同屬埃米里·羅曼那地區的帕爾瑪城十二世紀的貝內迪托·安特拉米（Bernedetto Antelami）的浮雕十分感興趣，也許那是他短短入伍派任到該地時所得的印象。波隆納地方在文藝復興早期也出過幾位人稱為「Primitives」即「文藝復興初期」的畫家，莫朗迪對那謙遜、規矩的作品十分喜好，他擁有數件收藏。

如果有心，在波隆納可以找到流於市面的藝術品原件，莫朗迪的小小收藏中除了波隆納地方畫家的作品，還包括了十八世紀威尼斯畫隱密室內的畫家如彼托·隆基（Pietro Longhi）的作品，

靜物　1942年　油彩畫
布　30×40cm　澳洲西
方藝術畫廊藏

一些林布蘭特、安格爾和畢沙羅的版畫。簡樸生活中，莫朗迪收
藏的較是藝術品的印刷圖片，在他給萊蒙第的信中曾談到他在尋
找卡拉瓦喬和簡提列斯基（Orazio Gentileschi，1563〜1639，卡拉
瓦喬的追隨者）作品的圖片。這兩位藝術家強烈地接近悲劇性的
大膽，造形構圖，大場面的人物表現，似乎與莫朗迪的清簡、約
制、小局面的靜物與風景顯然有異，可見莫朗迪對藝術的喜好之
廣泛。

　　在萊蒙迪的記憶中，在與莫朗迪交往之初便看到莫朗迪腦裡
有一個「假想的美術館」，其中的收藏品「難以置信地繁複多樣。」

風景　1942年　油彩畫
布　45×53cm　私人收
藏

除了過往的藝術品，還囊括了新近的法國藝術家畢沙羅、秀拉、莫內、雷諾瓦、塞尚、盧梭、馬諦斯，其至於畢卡索、勃拉克與德朗的作品。莫朗迪特別對塞尚的繪畫注意，而且更擁有勃拉克版畫的書，這也不為奇，莫朗迪在波隆納美術學院是一位專門的版畫教師。他還有印刷精美的秀拉的畫冊與馬諦斯的素描集，以及其他的藝術圖書。有些是他早年旅行時購買的，有些是朋友贈送的，但大部分還是他在波隆納收集到的。

自塞尚與立體主義所得

　　若要問莫朗迪在他建立繪畫風格的時候，哪些畫家對他有所影響，他會回答說是塞尚和早期的立體主義者，可能包括勃拉克、畢卡索，甚至德朗。早在入美術學院之初，莫朗迪便在波隆納能買到的雜誌圖片中認識了塞尚的作品。一九一一年羅馬國際博覽會的法國館中，他更親身欣賞到塞尚的原作。至於立體主義的認識要歸功於法國詩人兼藝評家阿波里奈爾主辦的一本雜誌《巴黎晚間》（Soirées de Paris）。

　　阿波里奈爾在一九一三至一四年間得到某種經濟支援創立了《巴黎晚間》雜誌，他提醒讀者他不表提已有的成就，而是彰示正在進行的前瞻性工作。當他在雜誌中刊載了畢卡索、勃拉克、馬諦斯、德朗、盧梭、畢卡比亞、格里斯等人的作品圖片，他保證這些都是奇異之品，是成熟之作，而非供應市場的東西。阿波里奈爾把雜誌寄給萊蒙第，也寄給當時是未來主義成員的卡拉（Carlo Carra）和索非奇。萊蒙第、卡拉與索非奇後來都成為莫朗迪的好友。萊蒙第在一九一六至一七年把這份雜誌帶給莫朗迪，而莫朗迪自己說卡拉和索非奇給他開了竅。

　　在翡冷翠活動的托斯卡人索非奇在當時的義大利畫壇已是一位帶頭人物，他對塞尚作深入剖析。他認為塞尚以莊嚴與熱情導排物件之形，塞尚的樹強而有力地迸發於岩石般的土地上，靜定而生氣昂然。塞尚的意願在於形的捕捉，並將之轉化為可稱為詩的生命。索非奇談到風格，他強調在風格中應有情緒的動力而非只是形式上的問題。這就是觸動莫朗迪之處，也即是塞尚受莫朗迪吸引之處。莫朗迪在塞尚之中抽取與塞尚相近之質，來驗證自己的憧憬和自己的意向。塞尚畫的一連串靜物，對平常簡單之物作特殊的探討與描繪，莫朗迪也在日常生活的平凡物件中畫出自己對它們獨有的審視。

　　其實莫朗迪早在讀《聲響》所刊載的塞尚作品時已發現了靜物的重要性，他感知靜物的寫繪可以發展一種現代的知性和感性，透過形式的揀選與形象聚集的純粹度，透過色彩凝練之力

風景　1941年　油彩畫布　37×40cm　米蘭當代美術館藏

46

靜物　1942年　油彩畫
布　35×45cm　私人收
藏

度。靜物可以作爲想像力緩和的練習，可以作爲情緒深化的興奮
劑，靜物以其不動的特質、確實的力量，保留了畫者所身處之現
實的片段與當時觀物的熱情。莫朗迪畫靜物就有如塞尚之對靜物
隱密又獨有的鍾情。一九二〇年莫朗迪參觀了威尼斯雙年展，這
一年法國館中設有塞尚專室，展出塞尚廿八件作品。此年中莫朗
迪所繪的靜物特別接近塞尚。

　　莫朗迪除了自立體主義的啓發者塞尚得到暗示，早也注意到
其餘立體主義者的主題、形象與空間、色調與光影、銼筆、暈線

風景　1913年　油彩、紙板　41×51cm　波隆納，莫朗迪美術館藏

圖見50～52頁

與小平面之運作。一九一三年的風景以斷續的銼筆、半透明的線面堆聚成厚密的體積。一九一四到一六年的靜物或以銼筆、暈線，或以扭動的直線、曲線，或以各式的小平面統一了畫面，將物件與空間交織成一體。他一定感動過畢卡索繪畫戲劇性的呈示，那即是將物件與空間抽象爲不定形的幾何線面，又將之擬人化地聚集一起，如一場幻化的悲劇。

　　莫朗迪較後的靜物則重現原有的形，讓其不著痕跡地自然現出。這是畫者的心物交匯，是畫者觀物的直截呈示，已經不強加所求，刻意操作。如畢卡索曾經說過的：「我不瞭解人們以『研究』這樣的辭語用於現代藝術，對我來說『探尋』在繪畫中不代

風景　1913年　油彩畫布　44.3×66cm　米蘭皇宮當代美術館藏

表什麼，『找到』才是正確的字眼。」「我之所爲是爲現在而做，並且抱著希望，願我之所爲恆保現實。」「我從來不做嘗試，也不做實驗。」莫朗迪一九二七年的隨意筆記中說了同樣的話，並且將他的成熟歸因於斷然去除嘗試或實驗什麼。

畢卡索又說了：「不是藝術家做他想的，而是藝術家做他是的。」莫朗迪就由觀視，體現立體主義者的繪畫出發，而落定到自己以接繫了神經中樞及末梢的筆，直觸畫布本身。在版畫方面，刻刀的直下金屬板亦是同樣情形。不過以莫朗迪的性情，這一切都在緩和的情況，在不激越的姿態中。

靜物　1914年　油彩畫布　67×55cm　羅馬現當代美術館藏

靜物　1914年　油彩畫
布　102×40cm　龐畢
度中心國立現代美術館
藏

靜物　1916年　油彩畫布　82.5×57.5cm　紐約現代美術館藏

花　1943年　油彩畫布
25×30cm　私人收藏

形而上畫派的牽連

　　廿世紀的義大利藝術在薄丘尼（Boccioni）、卡拉、塞維里尼
（Severini）、魯梭羅（Russolo）、巴拉（Balla）等人組成的未來畫
派之後，有形而上畫派的出現。那是一九一七年在費拉拉，卡
拉、德·基里訶、德·基里訶的弟弟薩維尼歐（Alberto Savinio）
共同發起的運動。他們隨即吸收了畢西斯（Filippo de Pissis），莫

朗迪也受牽引加入。莫朗迪在一九一三至一四年間曾多次參加在
莫典那、翡冷翠、波隆納的未來主義者的晚會，也曾寄作品到羅
馬參加第一屆「自由未來主義者展覽」，他也受邀參加了第二屆的
「羅馬分離派」展覽，但莫朗迪與這兩個畫派在藝術的理念與實踐
上沒有任何相關之處，倒是在廿世紀藝術史上當談論「形而上畫
派」時都會提到莫朗迪。

　　莫朗迪是由於一些文學界朋友而與形而上畫派相繫。他的這
些朋友，萊蒙第、巴切里（Ricardo Bacchelli）和雷博拉
（Clemente Rebora）共同編印一本名爲《蒐藏》（La Raccolta）的
小型文學雜誌，刊出詩、散文與評論。這本雜誌出刊了十二期，
一九一八年三月至一九一九年初，卡拉、德・基里訶、薩維尼
歐、畢西斯等形而上畫派成員都加入寫作。由於萊蒙第等人與
德・基里訶、卡拉相識，莫朗迪也就與「形而上畫派」有所聯
繫。「形而上畫派」作爲繪畫運動並不長久，德・基里訶離開義
大利前往巴黎，在受到超現實主義者捧奉之後轉爲提倡復古繪
畫，他曾爲莫朗迪的繪畫寫了一篇精湛的評介。卡拉在放棄作爲
未來畫派的率性的明亮色塊平面構圖之後，轉向圖像明晰、平穩
上色、幽靜畫面的形而上繪畫，而後漸離，走到暈塗的印象主義
式的風格，但保持與莫朗迪珍貴的友誼。在義大利畫家中，卡拉
與索非奇是莫朗迪長久的朋友，他常提到他們。

　　形而上畫派者共同認爲，在平日普遍的經驗世界中，有某種
偶然可發覺的玄祕的形而上之感，形而上畫家的工作即是將這種
感覺在繪畫上顯示出來。他們用的是所謂的「古典」的均衡構圖
和平穩塗色，因爲他們都一致推崇喬托、法蘭切斯卡、烏切羅、
馬撒其歐一路下來的義大利繪畫傳統。他們喜歡在畫面上呈現義
大利建築物與陰影的玄祕對比，物件如人偶、石膏像模型、幾何
儀器、地圖等之間的無聲信息。

　　莫朗迪只在一九一八至一九年間作了數幅近於形而上繪畫的
圖見56、57頁
靜物。他畫帽商用的半身人偶、菸斗、量角器、謎樣的幾何體模
型，還有他常畫的瓶子、盒子等物，這些都有嚴整的輪廓、立體
的姿態，沉浸在斜面或半斜面照射過來的光中，拋出長長的陰

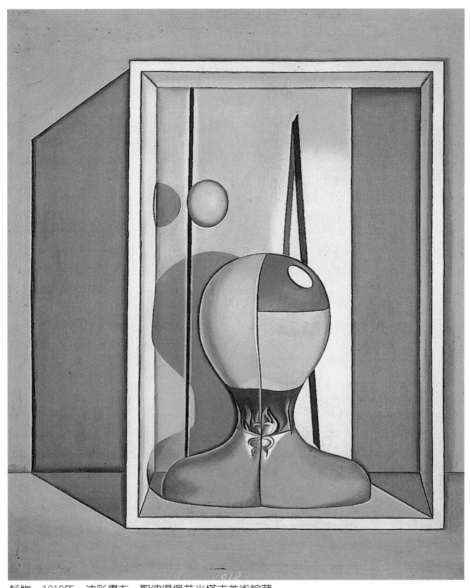

靜物　1918年　油彩畫布　聖彼得堡艾米塔吉美術館藏

影。這些畫脫離了前些時的暈線、銼筆或非平均色面的表現，而
有嚴謹的安排、光滑的表面，整個構圖設色似乎都仔細衡量過，
有著合理的數學比例，雖是靜物畫，卻似喬托等人文藝復興初期
畫作的人物在建築物前的場景呈現。然這些不同於德・基里訶，

靜物 1919年 油彩畫布 56.5×47cm 米蘭布勒拉美術館藏

不同於卡拉，而是莫朗迪一向的繪畫上的形而上精神。

經常莫朗迪談到他這個時期的作品，說這只不過是他靜物畫展演的一個過程，在當時支持形而上畫派的雜誌《造形價值》上，他曾陳述他把靜物畫看爲是超越時間之事，是不動物件的相

遇對質，是在它們天生之美上作祥寧的沉思，並賦以時光永恆之感，而他一再提醒評論界，他早在一九一四年便開始擁有帽商用的人偶了，他像看一般可畫的物件那樣地看著，到了想畫的時候就畫了。言下之意他並不是跟隨著德・基里訶或卡拉之後而畫人偶。然而，莫朗迪在一九一八年以前，即在與形而上畫派有牽連之前，並沒有畫過人偶。

　　儘管莫朗迪有意無意間與形而上畫派拉開距離，但現代美術史都將他納入形而上畫派的運動中。當然莫朗迪一九一八至一九年間的繪畫有別於其他時候的作品，即工整的物形、潔淨的手法、物件與陰影清楚的關係、靜謐的氣氛，多少是形而上畫派的，而這些也同時都是莫朗迪的精彩繪畫，在繪畫史上如何歸屬，非為首要。

自我風格的確立

　　形而上畫派運動無形中解散之時，莫朗迪仍與曾經支持過此運動的雜誌《造形價值》保持聯繫。集畫家、藝評家、畫商於一身的《造形價值》創辦人馬利歐・博羅格里歐（Mario Broglio），簽給了莫朗迪一紙合同，經營莫朗迪的作品，此合同一直持續到一九二四年。《造形價值》雜誌所持的理念較形而上畫派更為注重傳統造形與現實價值的維護。在這個氣候之下，莫朗迪脫離了一九一八至一九年較為常見的人偶、模型、幾何體的主體，而落實到對家常用品物件的靜看，將凝神時的真實現象移於畫面。

　　一九二〇年，莫朗迪到威尼斯看雙年展法國館塞尚專室的展覽。細看塞尚作品之後，經驗了一小段塞尚式的靜物寫繪，隨即朝向一生發展的個人風貌走去。一九二一至二二年的靜物，物件 圖見60頁 沉浸在似幽似明的光中，畫面出示了新的物理性與新的內涵。這時候莫朗迪卅歲出頭，至四十歲之前，在油畫方面他專注於靜物表現，暗示出物象的三度空間與背景兩到三個平面相互的關係。這時期除了博羅格里歐為他安排到柏林與德國其他城市的集體展

風景　1921年　油彩畫布　33×29cm　波隆納，莫朗迪美術館藏

靜物　1922年　油彩畫布　33×42㎝　私人收藏

出與在翡冷翠的個人展覽之外，一九二六年與一九二九年兩次參
加了「一九○○年」（「廿世紀」）團體在米蘭的活動。

　　「一九○○年」團體在瑪格利塔・撒法提的支持之下，由西隆
尼（Sironi）、布齊（Bucci）、傅尼（Funi）、畢西斯（De Pissis）、
杜德雷維勒（Dudreville）、馬勒巴（Malerba）、馬魯西格
（Marussig）、歐皮（Oppi）等人所組成，他們性情、心裡狀態、
文化素養、畫風有相近或相斥處，卻共同活動展示了豐富多樣的

靜物　1943年　油彩畫布　25×40cm　米蘭當代美術館藏

　　藝術風貌，是義大利廿世紀初重要的藝術活動團體。莫朗迪的繪
畫與他們之中的各人又相距甚遠，但受邀參加，對莫朗迪來說是
重要的活動。

　　二○年代後半期，莫朗迪也從事銅版、鋅版上的蝕刻版畫，
陸續在一九二七年參加了翡冷翠第一屆版畫展、一九二八年及一
九三○年的威尼斯展，以及一九三○年巴黎國家圖書館版畫展。
由於莫朗迪的藝術確立了聲譽，波隆納美術學院延請他為教師，

任該校版畫教授，直到一九五六年退休。莫朗迪版畫上的靜物、風景的主題都有。筆尖在銅版、鋅版上刻出如細網、如織品般的密密細線，間以留白的空間，耐人一再尋看。莫朗迪是廿世紀最好的版畫家之一。

　　風景主題的油畫，莫朗迪在三○年代即四十歲以後開拓很多，無論他畫波隆納、封達查街的樓屋或格里查納的鄉村風景，這都並不重要，他畫風景的特色在於屋、樹、牆、地、山丘與草坡都化為參差多變的筆與彩，錯綜交疊而渾融一體，在珠光的調

風景　1943年　油彩畫布　32.8×38cm　波隆納，莫朗迪美術館藏

花　1942年　油彩畫布30×20cm　私人收藏（右頁圖）

62

静物　1943年　油彩畫布　22.8×35.3cm　美國赫希宏美術館藏

子下泛著陰涼幽淡的綠意。風景本身並不特殊美妙，卻在莫朗迪的畫筆下引人入深處。

　　自卅歲起，莫朗迪就一直畫那互為近似的風景和靜物（包括花卉）長達四十五年。這漫長的創作進程上，在近乎蓄意、規畫的主題中，莫朗迪保持專心一致，歐洲評論界習慣稱之為「探尋」，同時是內心的探索又是顯見於畫面的物象的探究。但若說這是一種「探尋」，這更或是他細微知覺的自然直截的外流與外放，下筆時即刻顯示的圖像。在多作中央集中構圖的靜物與散向四面佈展的風景畫中，初看似多重複，近察則見細緻的變化。長短、輕重、粗細筆觸的相交，淡化的暖色與柔化的冷色相融，偶有明

風景 1943年 油彩畫布 25×36cm 私人收藏

亮的黃色、藍色、嫵媚的橘黃與紫都不作聲自我包容。這就是莫朗迪的含蓄、隱約、寧和、悠遠的意境。

　　莫朗迪的最好作品見證了他一生之完全貢獻於藝術的思考與實踐，他們卻不能知道他在每一幅構圖、每一種特殊造形上的審思所費的時間，我們也很難想像他注視事物時的細密、專注又獨斷的凝視。侷限地描塗他工作室中的瓶瓶罐罐，規範地抒寫他身處的無華居屋及其近旁景色。自約、自斂，終其一生的孜孜工作，莫朗迪對自己的努力並不完全滿意，他說：「一幅畫，即便是小尺寸的畫，只畫有很少的東西，也很難把各部分都畫好，也不知道會畫到什麼程度。總之，能畫到十分之九就差不多了。」

格里查納風景　1943年　油彩畫布　42.5×52.5cm

瓶罐的靜物

　　莫朗迪早年讓人注意的靜物約是一九一四年的畫，那是瓶瓶
罐罐及類同物件的變形滿於畫面。受著立體主義的影響，物件似
乎糾結一起，模樣不清，而且畫面尺幅拉長，不同於尋常的傳統
尺寸。譬如一幅長形有瓶子的畫，在上面我們可以看到勃拉克作

静物　1946年　油彩畫布　33×38cm　私人收藏

品的影子。另一幅代表此時期十分知名的有銀盤佔前景、背後是
杯罐壺以及一個大海螺的近方形的畫，有著德朗作品的趣味。這
些最早的靜物，顏色隱晦不明，幾乎是單色的感覺，以灰、褐爲
基調偶有一點暗淡的米黃與淺紅來溫暖畫面，顏料濃稠厚塗。

　　一九一六至一八年的靜物，相對地畫面質地轉爲稀薄輕淡，
甚至透明。物象有時留日，如照相底片的顯影，沒有凹凸玲瓏的

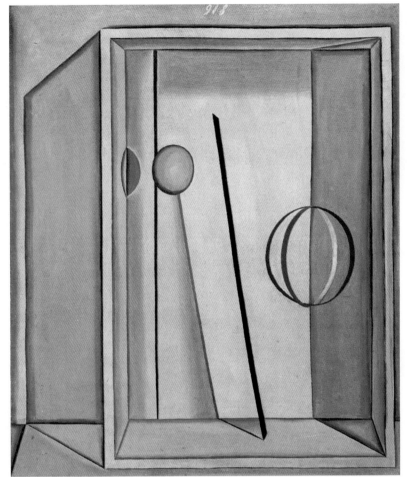

靜物　1918年　油彩畫布　65×55cm　米蘭皇宮當代美術館藏

體積感，貼近一片平塗的背景，略拉出曖昧的陰影。一九一六年的一幅畫，水壺瓶子抽長排成一列，立於畫面上方大半部，下方則是線與面的構圖。這是上邊畫著玻璃櫥內物件，下邊畫著木料櫃的寫實暗示，還是有著線形面抽象比照的意圖？由此畫看，莫朗迪險些走向抽象畫。

　　由於受形而上畫派運動的牽連，一九一八至一九年莫朗迪的靜物、瓶子、盒子仍在，外加上形而上畫派者喜歡畫的人偶、幾何體模型等物。一九一八年的〈靜物〉有圓洞的玻璃櫥內，一長

靜物　1919年　油彩畫布　51.5×55cm　私人收藏

玻璃片斜著，似乎靠在懸著的小球上，也許這就是形而上繪畫的
懸宕氣氛。同年的一幅在下緣清楚寫著「1918」的字樣，有瓶
子、盒子、菸斗和頸上繫有絲帶的人偶胸像的畫，最能為形而上
繪畫的代表。一種清冷的人工照明投在這些光滑表面的物件上，
造成光與影的對立與物象的體積感，並且烘照出一片玄奧之氣。
一九一九年的有著一本厚書的模型、一個高圓柱體、兩個不透明
的酒瓶和一個橫放的皮球般的人偶頭的畫，這些一絲不苟的造
形，置於平整、滑亮的桌面，在來自一方的光照下，謹慎地投下

靜物　1945年　油彩畫布　32×38cm　私人收藏

陰影，如一些其他形而上畫派者的畫。一九一九至二○年莫朗迪
的這類畫另有畫書、水果與酒瓶的圖面，這樣的形而上畫派流向
的繪畫，莫朗迪畫得不多，大約總共八、九幅，但是足以讓他在
形而上畫派上佔一位置。

　　參觀了威尼斯雙年展塞尚專室之後，莫朗迪一九二○年的靜
物，如一幅桌巾上瓶碗杯之旁，放著月形麵包和餐刀的畫，是油
畫卻若塞尚的水彩，物形完整，而物面上有筆彩變化。背景單
純，畫面透明清朗。這樣的畫不久就由另一種畫法取代。

　　一九二一年以後的靜物，除偶然出現餐刀、一個無花果、一

靜物　1921年　油彩畫布　49×58cm　米蘭布勒拉美術館藏

個檸檬以及兩、三種式樣的海螺，或一盞舊式的油燈間於其中，其餘皆是長形的、矮短的杯、瓶、碗、罐、水壺、盒子的排列組合。莫朗迪的友人在封達查街的畫室看到滿滿的瓶罐保持其無光的質地，其中一些莫朗迪爲了在畫面出示某種顏色而上了油漆，而全都濛上一層灰塵。這些支撐了莫朗迪四十五年的靜物畫。

　　幽幽光中直立或斜排的灰濛物象是二○年代的靜物畫。瓶罐有其準確寫實的形，卻非光滑平整，而是充滿筆彩痕跡。畫面多顯厚塗，偶也略示清明。一九二一年的一幅斜方桌面上有無花果、海螺，一只白瓶與其他碗罐的靜物，桌面的斜度與物件的斜

靜物　1926年　油彩畫布　60×60cm　私人收藏

擺之姿側身相諧，物件與背景在近於無色中有黃暈的光來照著。
一九二六年的一幅，圓桌面上有守正不阿的長瓶、短罐與碟，各
顯其不透明或半幽半明之面。一九二九年的畫，海螺、水杓、咖
啡壺及不知名物斜躺或倒立，自然自在，咖啡壺上顯淡紅紫暈，
莫朗迪畫亦有嫵媚之處。

72

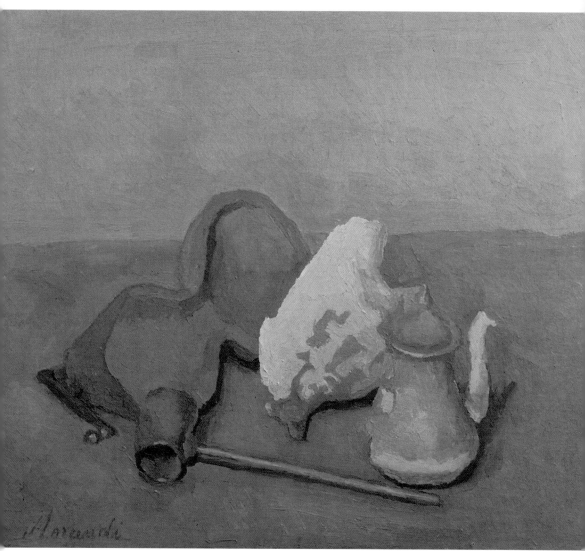

靜物　1929年　油彩畫布　54×64cm　米蘭皇宮當代美術館藏

　　三○年代與四○年代初，物件幾近抽象化了，畫家將之寫繪
為曖昧的不定形，卻著意地漆塗上顏色。沉著的灰綠、灰藍、灰
黑、赭與褐色到可以搶目，卻罩上薄層暈色的寶藍、黃、橘紅與
白，莫朗迪的靜物世界出現了色彩，卻沉著不喧譁。倒是瓶瓶罐
罐的姿態，有略桀驚地站立，有略不馴地歪斜。此時期莫朗迪正

值中年，執拗的個性顯示也是當然。

大戰結束之前，莫朗迪的靜物轉爲溫和。戰後畫布背景上更緩緩顯出似乳色的光，那是以自然的光照替代過去似人工的照明。抽象突兀的長瓶少見了，代以低矮的碗罐或下身較寬圓的瓶。這些較謙和的物件有時會擒住光，讓個別自身發出溫柔細膩的如珠明輝，有時不分你我依依挨挨同浸在悠然的清明裡。這時莫朗迪的靜物已不再服從安排式靜物畫的法則，而是依循組構式靜物畫的意念，其中包含了物件數的關係、光與色比例的關係，而這一切又都自然鑄成。

五○年代後半期到六○年代的靜物更寫意了，物件減少，物形簡約而色彩轉爲明亮，甚至可說有了愉悅之感。莫朗迪一生的繪畫生涯的最後十年，繪畫世界所贈予他的榮譽接踵而來。一九五三年巴西聖保羅雙年展頒給他版畫首獎，一九五七年又頒給他油畫首獎。這樣的榮耀不會不叫一個終生奉獻於藝術的隱遁畫家

靜物　1944年　油彩畫布　30×53m　龐畢度中心國立現代美術館藏

風景　1944年　油彩畫布　48.5×45㎝　羅馬國立現當代美術館藏

發出莞爾之笑。未婚、沒有妻子、沒有兒女的莫朗迪終有其藝術
生命的美滿。

　　一九四八年，莫朗迪已受選為羅馬聖‧路克學院院士，並獲
威尼斯雙年展油畫首獎。一九六二年獲德國西根布魯本斯獎，一
九六三年獲故鄉波隆納金獎。

花束與其他

　　有人將莫朗迪的靜物與法國十八世紀畫家夏丹（Chardin，
1699～1779）的靜物畫相比。夏丹的靜物畫是一些家常題材，畫
面厚實，色彩沉著而有亮光，兼用暈塗與細膩筆觸的技法，給人
真實、誠摯又光輝的感覺。這些特點與莫朗迪有相近之處。夏丹
畫廚房用具、蔬果、獵物、魚還有瓶花。莫朗迪不畫獵物和魚，
但是畫瓶花和花束。

　　莫朗迪的靜物畫，瓶罐以外即是花，插於陶瓶或置於桌面的

靜物　1962年　油彩畫布　30×40cm　卡里馬基金會藏

　　一束花。早在一九○三至○五年，少年的莫朗迪就有畫花，即便
那是十年以後畫的，仍可稱爲早慧之作，可說莫朗迪在花的主題
上早已顯現了表達的潛力。一直到一九六二至六三年，莫朗迪每
隔一些時候就有花的畫出現，在油畫、素描、蝕刻版畫上都有，
都只是一束花，少數置放桌面，大多插在瓶上，各式的陶瓶，現
出全身或僅露半截，插上大小適中，花色美好的花束，如女子的
亭亭玉立或半身胸像。莫朗迪一生沒有戀愛對象，這些花好似他

靜物 1946年 油彩畫
布 37.5×40cm 倫敦
泰德美術館藏

的情有所鍾。

　　在雷諾瓦、塞尚、馬諦斯花卉畫幅的光照下，莫朗迪畫花。
他小心謹慎，希望畫得好，像十六、七世紀的西班牙畫家葛利哥
的花那樣，在升天的聖者與安琪兒的腳旁，「宛若在夢幻的夜晚
中開放」，莫朗迪這樣說。那是莫朗迪在一本書中看到的，只有一
枚郵票大小的圖片，他在一九一八年告訴好友萊蒙第：「這樣的
花沒有一個現代畫家能畫得同樣地好，除了雷諾瓦，可能還有…
…。」可能還有盧梭，莫朗迪認爲盧梭的畫一點都不原始，即使
那些喜歡要弄文筆的人那樣說。除此以外，現代畫家畫好花的，
應該就數莫朗迪了。

　　莫朗迪的靜物世界，除了那有意無意娓娓道來他心境的瓶瓶
罐罐之外，花束終其一生地呈現，而且莫朗迪把他對花束的意念
反覆申訴。莫朗迪可以說是拘謹的人，他的花也幾乎全都緊緊地
打成一束，除了少數如一九六一年的一幅瓶花，枝葉俯遮瓶身，

花　1961年　油彩畫布　30×25㎝　私人收藏

樂器、1941年　油彩畫布　27×52cm　馬涅里・洛卡基金會藏

現出委婉美意，大體說來，莫朗迪在花束矜持的意態中，展現其
花朵形色的美妙，雖在瓶中供養，卻有其花的意趣，然而是含蓄
的、隱約的，如罩上輕紗與人保持距離的美麗女子。莫朗迪尊重
藝術、尊重美，從不過分炫示，連對花之美妍的讚頌也輕描淡
寫，適可而止。

　　莫朗迪的一位好友兼繪畫經紀人盧基・馬涅阿尼（Luigi
Magnani）特別愛好音樂，是一位研究貝多芬的專家，他要求莫朗
迪畫一幅有樂器的靜物。莫朗迪答應了，但是他沒有畫上什麼堂
皇的樂器，只到舊貨市場買了支舊喇叭和一把吉他與曼陀鈴來
畫，這就是他一九四一年畫的幾乎是唯一的樂器主題的畫。他將
三個樂器平行橫置厚厚的木板面，形成流動感的四重奏。

　　一九四三年一年中莫朗迪畫了數幅海螺的畫。海螺在一○年　　圖見82、83頁

海螺靜物　1943年　油彩畫布　27.5×31.5cm　私人收藏

代、二○年代的靜物畫中與其他物件同時出現過，單獨海螺爲題
的畫有那麼幾幅，莫朗迪爲何畫海螺，其造形有別於家用器皿？
或有另一生命的象徵？這是莫朗迪留給觀者的謎。

海螺靜物　1943年　油彩畫布　22.5×30.5cm　私人收藏

城屋與鄉景

　　莫朗迪的風景油畫大約佔全部作品的五分之一。一九一三年
他第一次到格里查納度夏天，開始一些風景畫作。二〇年代前期
他專注靜物，二〇年代中以後他才又以格里查納及鄰近的亞平寧
山一帶的鄉鎮波吉歐·羅費諾等地以及波隆納、封達查街和附近
之景爲對象。一九二七年作了七幅油畫和一些蝕刻版畫；一九三
五至三七年他的油畫風景達卅二幅；二次大戰間，較長時候避居
格里查納，作了近八十七幅的油畫；一九六〇至六三年間又有卅
九幅，另外水彩、素描無數。

海螺靜物　1943年　油彩畫布　20×30cm　私人收藏

　　一生都在波隆納，封達查街居住，莫朗迪每隔一些時候就會畫他家居的樓屋，他畫室中看出的有樹的庭院及鄰居的樓屋，那牆、窗、屋頂和小煙囪，很普通的廿世紀初義大利中北部的一般住宅。由於天候的關係，屋牆上有斑剝的痕跡或顏色褪落，並不光鮮體面。跟著時代演進，四〇年代以後，城市外有高鐵架電線，五〇年代中豎起了電視天線，這些在莫朗迪畫中都可以看到。

　　莫朗迪畫鄉村風景，大多也是近距離的景物。據說莫朗迪怕熱，他夏天到格里查納避暑，即使那邊較為涼快，他也總是待在他與妹妹們修建的還算寬敞的夏居中，散步時也走不遠。他所畫

花　1947年　油彩畫布　33×29.5cm　私人收藏
靜物　1946年　油彩畫布　29.9×47.7cm　羅馬現當代美術館藏（左頁上圖）
靜物　1947年　油彩畫布　28×44cm　私人收藏（左頁下圖）

靜物　1947～48年　油彩畫布
35×40cm　米蘭市立當代美術館
藏

靜物　1947～48年　油彩畫布
30.5×43cm　鹿特丹美術館藏
（左頁上圖）

靜物　1947年　油彩畫布　26×
47cm　私人收藏（左頁下圖）

靜物　1948年　油彩
畫布　30.5×35.5cm
米蘭皇宮當代藝術畫
廊藏（上圖）

靜物　1948年　油彩
畫布　36×41cm　波
隆納，莫朗迪美術館
藏（下圖）

靜物　1948年　油彩
畫布　26×40cm　馬
涅里・洛卡基金會藏
（左頁上圖）

靜物　1948年　油彩
畫布　26×38.5cm
私人收藏（左頁下圖）

格里查納風景　1962年
油彩畫布　25.5×31cm
波隆納，莫朗迪美術館藏

之景大部分是從那二層樓的窗中望出的牆屋樹木，或散步到路中
央或路角一旁所見的鄉間別墅。一排路邊樹，一面上坡地，幾道
幽闃小徑，他偶也會走得較遠，或乘車到附近的鄉野，這時他站
在較高處，看遠遠的小丘、小河彎角、泥砌的農舍、麥野、幾簇
葡萄籐。這些看來是夏天所繪，畫中的光線色澤暗示了我們。莫
朗迪也畫雪景，一九一三年他即以一幅雪景參加第二屆羅馬分離
派展。一九六二年的雪中殘舊的小屋與枯樹之畫十分知名。

　　不論畫鄉間風光或城市屋景，莫朗迪都幾乎不表達什麼特殊
傷懷之感。季節陰晴的感覺是有的，但並不強烈，倒是景物本身
形狀的排比，光投到景物上所造成陰影的不定形色面的寫照，才
是莫朗迪的風景畫真正的主題，是畫家藉風景來闡明繪畫的問
題。屋頂與牆面的上下左右的關係，窗的安排，樹的並列與交
錯，天空與地面大小、寬細色塊與色面的構成，加上光影的複雜
變化，這些都以筆觸的輕重、長短、急緩，帶動著耐心調出的微

雪景　1962年　油彩畫布　35×45cm　私人收藏

　　妙暈色來表現。看莫朗迪的風景會覺得他將屋、牆、窗、樹與天
空地面之呼應，當著如靜物畫裡瓶瓶罐罐之間，以及與桌面所造
成的關係來畫，只是靜物的畫中物件較多作集中的構成，而風景
則是散向畫布四方的鋪展。

　　　莫朗迪一生站在具象畫的崗位，但他簡約景物之形，沒有硬
挺的輪廓線，以筆與油彩直觸畫面，敷塗物象，有時幾乎抽象化

靜物　1948年　油彩畫布　30×35cm　私人收藏

靜物　1948年　油彩畫
布　35×40cm　米蘭當
代美術館藏（左頁上圖）

靜物　1948年　油彩畫
布　36×36cm　私人收
藏（左頁下圖）

了。對於世界莫朗迪有他自己的具象與抽象的觀念，他曾說：
「沒有什麼比我們現時所看到的更抽象、更不真實了。做爲人，我
們知道我們所有能看見的真實世界，會如我們看到的和瞭解的那
樣真實地存在。當然事物是存在的，但是沒有它們自己本身的意
義，如我們所加諸於它們身上的。我們只能知道杯子是杯子，樹
是樹。」

波隆納撒維那河上的橋　1912年　蝕刻版畫　16.4×22.1cm　馬涅里‧洛卡基金會藏

蝕刻版畫

　　波隆納美術學院第三年，即一九一一年，莫朗迪就開始試作版畫，然這一年的習作不是丟了便是毀了。我們可以看到莫朗迪的最初蝕刻版畫：〈波隆納撒維那河上的橋〉或〈格里查納的風景〉是一九一二到一三年所作。這時他的取景構圖一如他最初的油畫，線條多直向或斜向平行線，在留白、疏鬆、密集的線條間造出畫面的韻律。一九一五年的〈瓶子與水壺的靜物〉，物件緊密

瓶子與水壺的靜物　1915年　蝕刻版畫　15.4×12.5cm　馬涅里‧洛卡基金會藏

封達查街的庭院　1924年　蝕刻版畫　10.9×15.1cm　弗里市鎮美術館藏

排列，形體抽長，以加重斜線線條來界定形狀，讓觀者看到物件的輪廓側影。他又以水平線示出桌面，交錯斜線示出背景，畫面緊湊有力。這顯然地，也如同他這一年的油畫受著畢卡索與勃拉克之影響，他應該看過這兩位畫家的蝕刻版畫，至少他擁有勃拉克版畫的書。

　　一九二〇至二二年間，莫朗迪努力尋求解決技巧上的問題。直向與斜向刻線作疏密交錯，呈現豐富與細膩，光影處置合情理而優美，莫朗迪應從林布蘭特的版畫受教良多。及至一九二四年的風景如〈封達查街的庭院〉或靜物〈有條紋的瓶與花〉又更成熟。刻線抽長、相交，間以短線相錯，陰影處線條稠密而整體調

96

有條紋的瓶與花　1924年　蝕刻版畫　23.5×20.1cm　弗里市鎮美術館藏

梨與葡萄的靜物　1927年　蝕刻版畫　18.4×20.7cm　私人收藏

子和諧。

　　莫朗迪的蝕刻版畫在一九二七至二九年間發展最為完滿，刻印有卅餘件作品。其中一九二七年的〈梨與葡萄的靜物〉桌面與背景的二度空間，用以托出中間主題的深淺的兩個網面，很有抽象之美。一九二八年的〈有燈在右角的大靜物〉則物件刻畫特別寫實，輪廓與體積感極完美，物件的高低前後排列，物形的配合美好穩當，是莫朗迪寫實審美的最佳表現。一九二九年的〈桌上布巾與兩物件〉則簡潔清明，兩物件由斜線交錯成網，背景、桌

圖見100頁

有燈在右角的大靜物　1928年　蝕刻版畫　25.2×34.9cm　私人收藏

　　面與桌巾則幾乎是平行斜線，整體顯出悠揚之感，十分動人。這
兩年中的風景蝕刻版畫特別卓越。格里查納的房屋、草堆、鄰近
小鎮波吉歐的風景與早晨之景，撒維納河上風光，鄉村之路等的
刻寫，線條垂直，水平與斜向，平行與相交，濃密疏淡甚至留
白，配置完美和諧，嚴謹又清明，透露著風景的清鮮之氣，好似
可以在其中呼吸。這樣的氣息有別於莫朗迪的油畫。
　　以如此的蝕刻版畫，莫朗迪參加了一九二七年在翡冷翠舉辦
的第一屆國際版畫展。一九二八年、一九三〇年又受邀參加威尼

桌上布巾與兩物件　1929年　蝕刻版畫　23.9×19.9cm　私人收藏

有織物的靜物　1931年　蝕刻版畫　24.8×31.5cm　私人收藏

斯雙年展及巴黎國立圖書館的版畫展，贏得佳評，由於聲譽確
立，波隆納美術學院一九三〇年延請他任蝕刻版畫教授直至一九
五六年退休。

　　三〇年代初的靜物轉向注重黑白，以較強的對照來顯示物象
的體積，在刻線稠密與留白之間呈出蝕刻版畫之美，如一九三一

圖見102頁
至三二年的〈布巾上的靜物〉與〈條紋瓶子上的茉莉花〉都是。
一九三二至三三年的風景，亦見莫朗迪以留白來呈顯畫面空間。

圖見103頁
一九三二年的〈格里查納的風景〉一長片河水的白與山坡草樹之

撒維那風景　1929年　蝕刻版畫　24.8×25.3cm　私人收藏

化為細密線組成之層疊的灰黑色帶對比，極有抽象之美。這樣的
處理一九二九年的〈撒維那風景〉已顯現，而到三〇年初更見柔
韌互交之感。一九三三年的〈格里查納的屋中之樹〉與〈白路〉，
前者屋牆，後者天空與路面的留白與樹叢石塊之精細刻寫拉出風
景之透視。一九三二年的〈自波隆納看蒙塔紐拉之景〉以及一九

羅費諾風景　1936年　蝕刻版畫　15.8×19.9cm　弗里市鎮美術館藏

　　三六年的〈羅費諾風景〉則是另種表現，構圖與刻線都較自由。
　　四○、五○年代，莫朗迪的蝕刻版畫繼續發展。更趨向自
由，物象輪廓線避免挺硬，造形灑落自在，主要形象與背景就像
共呈於一網面之後，顯示出整體和諧的美感，如一九四二年的
圖見106頁　〈大靜物〉和一九四七年的〈兩個物件的靜物〉都是。一九五六年

的〈五個物件的靜物〉，落落大方的瓶、水壺與盒、罐，各顯其自身形狀之美與光影投於其上的抽象美。這該是莫朗迪最後的蝕刻版畫，因爲這年他從波隆納美術學院的版畫教席退休下來。

　　直到五○年代中期，莫朗迪將所有蝕刻版畫的可能都發揮

大靜物　1942年　蝕刻
版畫　26.8×26.9cm
馬涅里・洛卡基金會藏

大靜物　1942年　蝕刻版畫　26.8×26.9cm　馬涅里・洛卡基金會藏

了。這種以刻刀在鋅版或銅版上刻線，然後以鏹水腐蝕版面，再
塗以油墨拓印出的圖面，由於刻刀的尖銳、硬直所造出線、面、
體，與有彈性的油畫筆敷塗油料於畫布所造出的效果是不同的。
莫朗迪卻能在細微思考下運用不同方向、不同長短，甚至極短的

格里查納二次大戰後廢墟　1958年　水彩、手工紙　24.6×21.2cm　私人收藏
風景　1958年　水彩　21×16cm　私人收藏（右頁圖）

靜物　1949年　油彩畫布　36×45.2cm　波隆納，莫朗迪美術館藏
靜物　1949年　油彩畫布　30×40cm　波隆納，莫朗迪美術館藏（左頁上圖）
靜物　1949年　油彩畫布　35.5×50cm　米蘭市立當代美術館藏（左頁下圖）

刀法，將可能堅硬的物面化爲複雜而深刻的和諧，在和諧中又暗
藏著待人尋覓的祕密。一九五三年，莫朗迪榮獲巴西聖保羅雙年
展的版畫首獎，是其蝕刻版畫成就的標記。

靜物　1949年　油彩畫布　36.5×45.5cm　義大利威洛納，斯古多美術館藏
三個物件的靜物　1949年　油彩畫布　36×36cm　私人收藏（左頁上圖）
靜物　1950年　油彩畫布　20.5×30cm　私人收藏（左頁下圖）

素描與水彩

　　「素描對他來說是一種日常知性的練習，不中斷地、非常控制
地進行。」莫朗迪的一位友人朱利歐・卡羅・阿干（Giulio Carlo
Argan）談到莫朗迪的藝術時這樣說。誠如某些傑出的畫者，當一

花　1950年　油彩畫布　34×27cm　私人收藏
花　1950～51年　油彩畫布　26×35.2cm　私人收藏（左頁上圖）
靜物　1951年　油彩畫布　22.5×50cm　杜塞道夫，北萊茵－威斯特法倫美術館藏（左頁下圖）

靜物　1951年　油彩畫布　39×45cm　波隆納，莫朗迪美術館藏
靜物　1951年　油彩畫布　33×43cm（左頁上圖）
靜物　1952年　油彩畫布　35.5×45.5cm　私人收藏（左頁下圖）

　　筆一紙在握，筆就隨畫者所觀所感在紙上牽引出恰如其是的線
條。莫朗迪的素描我們從一紙看到另一紙，不同的要求，技術上
的、感情上的，連連接續著。構圖的節奏、體積的界定、空間的
安排，在形之上滑進光影。這一切都在簡約儉省的寥寥幾筆線條

靜物　1952年　油彩畫布　35.5×45.5cm　私人收藏
靜物　1952年　油彩畫布　43×56cm（左頁上圖）
靜物　1952年　油彩畫布　32×48cm　波隆納，莫朗迪美術館藏（左頁下圖）

中完成。也許在蝕刻版畫上莫朗迪已把線的複雜關係發揮完盡，
在素描上他則以快速的姿態擒住瞬間。每一筆痕都是確定的，好
像沒有下筆就已想好筆線應到之處，或者在此筆落下時便知道下
一筆的去向。在早期，他還以略多的線條來表達面與陰影，較後

靜物　1953/55年　油彩畫布　25.5×35.5cm　阿姆斯特丹市立美術館藏

靜物　1953年　油彩畫
布　20×40cm　私人收
藏（左頁上圖）

靜物　1954年　油彩畫
布　30×35cm　私人收
藏（左頁下圖）

則鉛筆或炭筆幾筆線就交待了，背景則以筆粉輕淡抹過。

　　同樣平常之物，簡單的樹屋、瓶罐、花，還有海螺。莫朗迪在三〇年代與四〇年代都以筆在紙上畫出海螺，這是為他油畫前的準備？還是海螺較瓶罐的線條曲折，讓他另生著筆的意趣？花形的線條也是較彎轉的，而且更需曲繞有緻。六〇年代初莫朗迪的花的素描，鉛筆、炭筆如油畫筆般靈動運作。

封達查街的庭院　1954年　油彩畫布
49×54cm　馬涅里・洛卡基金會藏

靜物　1954年　油彩畫布　33.5×
46.3cm　史密斯學院美術館藏

封達查街的庭院　1954年　油彩
畫布　56×56cm　波隆納，莫朗
迪美術館藏

封達查街的庭院　1954年　油彩畫布　55.5×45.5cm　鹿特丹美術館藏
靜物　1955年　油彩畫布　30×26cm　私人收藏（左頁上圖）
靜物　1955年　油彩畫布　27.4×40.8cm　德國弗萊堡，藝術與「藝術科學」學院藏（左頁下圖）

静物　1956年　油彩畫布　35.8×35.2cm　私人收藏

静物　1956年　油彩畫布　30×45cm　波隆納，莫朗
迪美術館藏（左頁上圖）

静物　1956年　水彩、手工紙　16.1×24.1cm　私人
收藏（左頁下圖）

靜物　1957年　油彩畫
布　41.5×22cm　私人
收藏

靜物　1957年　油彩畫
布　35×45cm　梵諦岡
美術館藏（左頁上圖）

靜物　1957年　油彩畫
布　25×35cm　私人收
藏（左頁下圖）

靜物 1957年 油
彩畫布 35×40cm
私人收藏

靜物 1957年 油
彩畫布 27×40cm
德國漢堡美術館藏

靜物 1957年 油
彩畫布 30×40cm
德國弗萊堡,藝術
與「藝術科學」學
院藏(右頁上圖)

靜物 1957年 油
彩畫布 25.5×
40.5cm 愛荷華大
學美術館藏(右頁
下圖)

129

靜物　1951年　油彩畫布　36×40cm　波隆納，莫朗迪美術館藏

天竺葵中的白玫瑰　1957年　油彩畫布　28×28cm　馬涅里・洛卡基金會藏

風景　1957年　水彩、手工紙　25×34.1cm　私人收藏

　　若說素描只是一種練習，一種油畫前的準備，而莫朗迪留給我們的素描都不苟且地簽上名且寫上年代，看來這些紙片的鉛筆炭精筆痕跡，在莫朗迪心中都是一個句點，一個完成，他認為就如此可以交付給觀者。確實莫朗迪的素描就像智者的言談，一句話便是一則箴言。特別是他晚近之作，每一紙的幾道線便是莫朗迪知覺世界的直達觀者內心。

　　莫朗迪油畫上的濃膩油彩與版畫上細密刻線的感覺，一下子

靜物　1958年　水彩、手工紙　19.2×25cm　德國弗萊堡，藝術與「藝術科學」學院藏

在水彩的清淡稀釋中溶解了。在多少能吸水的紙上，水與薄薄的一層底色勻散開來，兩三道色彩揮灑其上，就帶出微妙的暈染變化，渾然又透明，莫朗迪從未如此自由，他十分享受水彩的自由，其中透露的清新詩感。

　　仍然是格里查納等地的路、屋與樹，路可以讓人走近，屋可以讓人穿入，樹可以與人共相隱遁，或許觀者無此必要，無色的屋與路、幽淡的樹看來已是透明無礙，身在景裡景外都是一般自

靜物　1958年　油彩畫布　25×30㎝　慕尼黑國立現代美術館藏

在。仍是漆瓶與陶罐，即使有色，卻都如墨彩。一九一一年，莫
朗迪在羅馬國際博覽會上看到塞尚的作品，也看到東方畫家的水
墨之作。莫朗迪深受塞尚的牽引，而東方水墨應也潛移默化他。
他的素描受東方水墨畫線的暗示，水彩則是墨色暈拓的衍生。

静物　1958年　油彩畫布　25×30cm　私人收藏

　　莫朗迪自四○年代底發展水彩畫，一九五六年自美術學院退
休下來不再作蝕刻版畫，油畫之餘，是素描，特別是水彩，來補
充他的工作空間。素描重知性，水彩重感性，莫朗迪的筆與彩，
就在知與感之間，在油畫與版畫之外揮動了大半生。

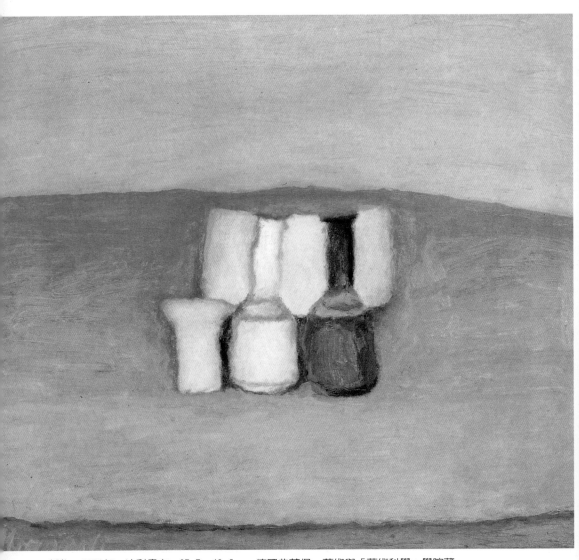

靜物　1958年　油彩畫布　35.5×40.6cm　德國弗萊堡，藝術與「藝術科學」學院藏

　　一九六四年六月十八日，莫朗迪結束他為藝術奉獻終身的生命，在接近一年的病痛之後，此年二月他畫他最後的一幅油畫。在這之前的一九六三年，他的素描與水彩都還繼續著。

罌粟瓶花　1958年　油彩畫布　23×20cm　弗里市鎮美術館藏

封達查街的庭院　1958年　油彩畫布　30.6×40.5cm　波隆納，莫朗迪美術館藏

莫朗迪談自己

　　莫朗迪很少寫作，與他的同代人相較，幾乎算不得寫出什麼。他不多談到自己，在一九三七年九月號的《前衛精神》（Il Frontesprizio）雜誌上，他只說了幾句話：「我一八九〇年生在波隆納，我曾受業於這個城市的皇家美術學院，我畫並且刻印風景和靜物。我在波隆納皇家美術學院教版畫。巴切里‧隆干內西、馬卡里‧索非奇及一些人曾經爲文談到我，除此我好像沒有其他

格里查納風景　1958年水彩　24×16cm　馬涅里‧洛卡基金會藏（右頁圖）

風景　1958年　水彩　31×21cm　私人收藏
花　1959年　油彩畫布　20×25cm　私人收藏（左頁上圖）
靜物　1959年　水彩、手工紙　21.3×31.5cm　私人收藏（左頁下圖）

Morandi

Morandi

静物　1959年　油彩畫
布　30×40cm　私人收
藏

静物　1959年　油彩畫
布　30×35cm　波隆
納，莫朗迪美術館藏

1959年　水彩、手工紙
20.2×23.4cm　私人收
藏（左頁上圖）

1959年　水彩、手工紙
16.1×19.8cm　私人收
藏（左頁下圖）

靜物 1959年 油彩畫布 25×30.5cm 私人收藏

話可說了。」這段莫朗迪關於自己的談話確是十分簡短。一九二
八年他曾在喬吉歐・皮尼主辦的刊物《突擊》（L'Assalto）上寫了
一篇較長的自傳，節錄如下：

「我在一八九○年生在波隆納，年少時就感到對繪畫有很大的
熱情，這種熱情經年累月之後越為強烈，讓我覺得有完全獻身之

靜物　1959年　油彩畫布　25.5×30.5cm　私人收藏

必要……。我在美術學院學習期間，我必須說，事實上加諸於我
的教學只是讓我的精神狀況更深陷不安。我在那裡學到很少可以
用於我今日的藝術。在註冊該校的時刻我已經很熱切、很感興趣
地去聽未來主義畫家破壞性的理論，這個時期的義大利繪畫的方
向對我來說太平淡又令人厭煩。我像那些有意願的年輕人，感到

靜物　1960年　油彩畫布　35.7×40.9cm　私人收藏

有完全改變義大利藝術環境的必要。這種最初的參與只不過是參
加了羅馬斯波羅維也里畫廊的一個「年輕未來主義者」的展覽，
但是我意識到那樣新的美學觀念較老舊的還更不能回應我精神上
的要求。

瓶中菊花　1960年　油彩畫布　25×25cm　弗里市鎮美術館藏

　　我感到只有對過去數世紀中，產生的最有力的繪畫有所瞭解才能幫助引導我找到路向。我不掩飾這些探討讓我掉到別的錯誤上去，但對我來說，也是有利的，因為那讓我思考到眞誠與單純性，是以這種眞誠與單純性，過去的大師不斷地自現實汲取靈

靜物　1960年　油彩畫
布　30.5×40.5cm　波
隆納，莫朗迪美術館藏

靜物　1960年　水彩
24.5×21.5cm　私人收
藏（右圖）

靜物　1960年　油彩畫
布　30×40cm　私人收
藏（左頁上圖）

靜物　1960年　油彩畫
布　20×30cm　私人收
藏（左頁下圖）

風景　1961年　油彩畫布　50.5×30.5㎝　波隆納，莫朗迪美術館藏

風景　1961年　油彩畫布　41×36cm　私人收藏

風景 1961年 油彩畫
布 35×40cm 瑞士溫
特圖爾美術館藏

靜物 1962年 油彩畫
布 30×35cm 波隆
納，莫朗迪美術館藏

靜物 1961年 油彩畫
布 25×30cm 波隆
納，莫朗迪美術館藏
（右頁上圖）

靜物 1962年 油彩畫
布 25×20cm 弗里市
鎮美術館藏（右頁下圖）

靜物　1962年　油彩畫布　30.6×30.6cm　私人收藏

感；而也正是這種現實造成了他們作品中深刻詩般的迷人之處。
也是如此在最古老與最現代的畫家中不離此原則的就能產出最生
動的、充滿詩意的作品。這個事實讓我瞭解我必須完全投入我本
能中，堅定我對自身力量的信心，並且忘卻在工作中所有事先孕
育的風格化觀念。在所有我少年與青年期的探索中，這是我能提
出的最好與確實的教訓。這些微薄的真理曾是如此的模糊，由於
審美的混亂與無知，讓我們這些年輕人必須全力以赴以求達成。

靜物　1962年　油彩畫布　27×32.5cm　德國齊根大皇宮國立美術館藏

　　我知道多少目的曾隱約地出現又遠離而難以尋得，但是我得到扶
持，因為相信繼續前往的路子是對的。我不否定任何我過去所
為，因為我沒有什麼無意義之事需要隱瞞，我的意識一直引導著
我的工作，而我感到安慰，查證到在我所有的試探，甚至於在最
猶豫的時刻，我的個性都有時顯露。
　　我一直在義大利生活，在所有我為學習藝術而造訪過的城市
中，最吸引我的是翡冷翠，我在那裡找到最偉大的藝術家，遇到

靜物　1962年　油彩畫布　36×36cm　私人收藏

朋友，與我有某種精神上的親密聯繫。在古代的畫家中，托斯卡
的畫家最讓我感興趣，而最令我心儀的是喬托與馬撒其歐。在現
代畫家中我要數到柯洛、庫爾貝、法托里（Fattori）和塞尚，這
些都是義大利光榮傳統的合法繼承人。我們這時代對我的成長有
益的是卡羅‧卡拉和阿登哥‧索菲奇；他們的畫作與文章，以我
看來對當今的義大利藝術方面有正面的影響。……

　　我對法西斯主義有很大的信念，自其最初的活動開始，這種

靜物　1962年　油彩畫布　36×36cm　私人收藏

信念從不失去，甚至於在最灰暗多波折的日子裡。

　　由於藝術與性情的理由，我傾向孤獨，這種傾向不是出自無
謂的驕傲，也非出於和所有與我共有信念的人缺乏聯繫。」

　　這段一九二八年莫朗迪的談話，他提到對法西斯主義的信
仰，而在一九三七年他便不提了，像所有文藝人在某種政治理想
發佈之初都受到吸引，而後感到失望。莫朗迪從沒有說起他對法
西斯的失望，但也從未加入法西斯的組織。他在一九四三年五月

廿三日受到政治警察的逮捕，因為他與拉基安尼、格努第、萊蒙
第和法蘭切斯哥・阿干傑里（Francesco Arcangeli）等行動黨人之
關係，有抵制聯軍進入義北的嫌疑。他被扣留一個星期後釋放，
旋即與妹妹們避居到格里查納。這是莫朗迪平靜的一生中唯一的
波瀾。其實莫朗迪談到自己對法西斯主義之信仰，與法西斯主義
者之標榜國家傳統藝術價值之維護有關，他十分尊崇義大利古代
藝術，在意念上他當然贊同這種主張，但是他在個人藝術內容上
從沒有任何對法西斯的宣揚，更毋須說到參與行動。

風景　1962年　油彩畫
布　40×40cm　私人收
藏

格里查納風景　1962年
油彩畫布　25.5×31cm
波隆納，莫朗迪美術館
藏

德・基里訶談莫朗迪

　　喬吉歐・德・基里訶與卡羅・卡拉等人共同發起「形而上畫派」運動後不久，莫朗迪加入此運動。德・基里訶自一九一一年起就多寫作，「形而上畫派」發起之初又在馬利歐・博羅格里歐主辦的《造形價值》雜誌上多次發表文章，並參與編輯工作。博羅格里歐由畫家開始，成爲雜誌創辦人，而後經營畫廊，將莫朗迪納入他推動的畫家之一。一九二二年四月博羅格里歐在翡冷翠

為莫朗迪辦了第一次個人展覽，博羅格里歐請了德‧基里訶為畫展目錄為文，當然也是出於德‧基里訶自己意願，他當時已看到一位大藝術家的誕生。莫朗迪在自述中並沒有怎麼提到德‧基里訶，那是因為德‧基里訶在一九二四年又離開義大利前往巴黎，之後與莫朗迪少有來往之故。德‧基里訶的這篇文章闡述莫朗迪的繪畫之表達靜寂事物「永恆的外觀」，以及「平凡事物的形而上精神」。雖然莫朗迪後來自「形而上畫派」脫離，但是他一生的藝術，德‧基里訶的這句話恆常適用。其文摘錄如下：

風景 1962年 油彩畫布 50×50cm 波隆納，莫朗迪美術館藏

靜物　1963年　油彩畫
布　40×45cm　波隆
納，莫朗迪美術館藏

「……義大利藝術在其自我透露內在本質之美的外表，是堅
實、光輝而牢固的。那些除去無謂之裝飾的形，如不羈的熱情散
放著純淨、超脫又殊凡的氣質，這即是我們偉大的繪畫自文藝復
興初始至拉斐爾藝術的首要特質。今天一種難以置信的混亂統轄
著藝術。在這種肥膩顏料之潮滿溢世界的粗劣畫作之前來分辨界
定繪畫，人顯得無能為力。這樣的畫作，現出的是一種愚蠢的浮
誇、諸多的無自覺，壞品質的感官之顯現而沒有靈性之氣。

　　就如此，我們以一種最大的欣愉和備感安慰的心情，來看如

靜物　1963年　油彩畫布　25.5×30.5cm　波隆納，莫朗迪美術館藏

此辛勞而確實緩緩飛昇與成熟的畫家，如喬吉歐‧莫朗迪之誕生。

　　他力圖由自己尋出並創造所有：他耐心地研磨顏料，他給畫布打底，並且觀察環繞他四周的物件，自神聖而沉暗又如百年老石般龜裂斑剝的圓形、橢圓形麵包，至杯子、瓶子的純淨的形。莫朗迪看桌面上的一組物件，就像古代希臘旅者靜觀樹木、谷地和山巒時的心情，那裡可能居住了最優美又時時叫人驚奇的神祇。

靜物　1963年　油彩畫布　20×30cm　私人收藏

　　他以信仰者之眼來觀看，而這些隱藏著在我們眼睛看來因其
無有動靜而如死般之事物的骨骸，在那最令人安慰的外貌下顯示
給他——永恆的外觀。

　　如此，他兼有了歐洲藝術眞正深刻的最後潮流的純淨抒情
感：平凡事物的形而上精神。這些事物由於習慣，我們看來極爲
普通，即使我們有解讀現象之神祕的靈巧，我們還是經常以普通
人的視而不見的眼睛來看。

　　赫拉克里特・德・埃費斯（Héraclite d'Ephèse）說得有理：自
然充滿精靈。

163

靜物　1963年　油彩畫布　25×30cm　私人收藏

　　在古舊的波隆納城，莫朗迪如此歌唱，在一種義大利的調式
下，歐洲好手藝人的歌唱。

　　他貧窮，因為藝術的愛好者直到現在都把他忘在一邊。為了
完全獨立自主地繼續創作，他在下午到一所公立學校陰沉的教室
裡教課，他教給年輕人幾何圖畫的永恆定律，那是所有偉大性，
所有美，所有沉鬱情感的基礎。

靜物　1963年　油彩畫布　25.2×30.8cm　私人收藏

重要評論

　　直到莫朗迪年逾四十，除德‧基里訶為其寫文，以及「形而
上畫派」的另一運動者卡拉在多篇文章中有所提及之外，友人巴
切里‧萊蒙第與索非奇、隆干內西和馬卡里等都曾評論過他的藝
術，然而都不特別受到注意。直到一九三四年，那年羅貝托‧隆
基（Roberto Longhi）開始在波隆納大學的藝術史任教，在他就任
的演講會中，以這樣的一段話結束：

靜物　1963年　油彩畫布　25×30㎝　私人收藏

「我終於並非偶然地發現，活著的義大利最好的畫家中的一位，喬吉歐・莫朗迪，雖然他今天仍在現代繪畫最危險的乾涸水域中航行，他總是知道如何以審思的慢進、真誠的動力來引導旅程的方向，他夠得上稱為一位新的導航家。」隆基並且說，「這

靜物　1963年　油彩畫布　30.5×30.5cm　私人收藏

位波隆納地方的蝕刻版畫教授是卡拉奇（Carracci）和規以都‧雷尼（Guido Reni）偉大傳統的承繼者。」那時隆基已是義大利最卓越的學者之一，並且受國際推崇，因此他對莫朗迪的讚賞意義深重。他的這段話給了莫朗迪的藝術正面而確實的肯定。一九三六年隆基又在一篇文章中婉言談論莫朗迪作品之演化，讚美莫朗

靜物　1963年　油彩畫布　30×35cm　波隆納，莫朗迪美術館藏

迪近於保守主義者的含蓄，並且重申了他對莫朗迪繪畫的看法：
「通過現代繪畫的危險水域以緩慢的沉思、誠摯的探討，他似乎已
朝向另一個方向啓程。」

　　一九四五年四月廿一日正是聯軍解放波隆納之日，莫朗迪在
翡冷翠「花之畫廊」（Il Fiore）展出廿一幅油畫，由羅貝托・隆基
揭幕並爲其目錄爲文。這篇長序裡隆基談到莫朗迪與法國文學家
馬塞爾・普魯斯特（Marcel Proust）的親近性，說他們都能洞察
現實而不只是看事物外在的樣貌。但他也了解兩者之間審美的不

靜物　1963年　油彩畫布　25×30cm　私人收藏

同：「不要以爲莫朗迪在他的田野周圍編起一道籬笆時，從沒有意念想要築造一座象牙塔或一所修道院密室，好將他的信息在發佈之前先更深化，這種隱密的信息，是所有人藏有的眞實，然僧侶莫朗迪在他修道院密室所發出的，與在象牙塔的審美家（指普魯斯特）的有所不同。」

　　說到莫朗迪與文學家的關係，評論家阿干傑里在一篇長文中，談到莫朗迪與他最喜愛的十九世紀義大利詩人賈科莫‧雷奧帕迪的相似處。他認爲有時畫家的作品內涵與詩人所吟誦的十分

靜物　1963年　油彩畫布　20.5×35.5cm　私人收藏

相近。莫朗迪蝕刻版畫與油畫中的景色就像雷奧帕迪最著名的一
首詩〈無限〉：「都是我摯愛的，這孤獨的小山，這些隔開草地
與遼遠廣闊的地平線的籬笆。然而坐下來看過去，在冥想中我爲
自己塑造更遠的空間，那裡較之人的最大靜默與深沉尤甚，我心
不再恐懼。」同樣在〈夢〉一詩中所寫之景也讓人想到莫朗迪封
達查街的家屋：「這是早晨，透過關上的百葉窗，太陽、白日的
第一線光偷偷進入露台邊我黑暗的房中。」阿干傑里又反覆申論
莫朗迪之於他時代的藝術就如同雷奧帕迪之於十九世紀的義大利
文學。

　　曾任義大利大衆文化部長，又曾是《法西斯評論》（Critica

靜物　1963年　油彩畫布　30×30㎝　私人收藏

静物　1962年　水彩、手工紙　20×24.4cm　私人收藏
静物　1962年　水彩、手工紙　22.5×13.8cm　私人收藏（左頁圖）

fascista）主編的久塞帕・博塔依（Giusepp-Bottai），一九四三年在《藝術前線》（Fronte dell'arte）雜誌上發表了他對莫朗迪藝術的看法，雖其位在官方，所說卻是十分中肯之言：

「在一個奇妙房間的神祕中，在不安繆斯的暗示下凝聚了一股精神的能量，讓莫朗迪的萊德地方的瓶罐發出光彩；是首次……

風景　1963年　油彩畫布　40×45cm

我們衡量他藝術現象的倫理因素。其中寓意，沒有教會式的懺禱
意味，沒有令人不解的歇斯底里感。這種致力於形之趨向簡化與
確定，如將世界概略爲人的憂苦，我們在形中找到庇護與贖罪。
這種藝術家的人文精神，其歷史的責任，傳統宗教內化的新價值

靜物　1963年　油彩畫布　30×35cm　私人收藏

將藝術家帶到眞理的境界；總之這種新的意義，在理論上與審美
上是無法否定的，對義大利藝術與藝術批評，審思以至於世界文
化都是十分重大的。

風景　1963年　油彩畫布　40.8×36.3cm
靜物　1964年　油彩畫布　25.7×30.5cm　私人收藏（右頁上圖）
靜物　1963年　水彩、手工紙　17.5×25.4cm　私人收藏（右頁下圖）

喬吉歐・莫朗迪
素描作品欣賞

男孩　1907年　石墨、紙板　54×40.5cm　波
隆納，莫朗迪美術館藏

風景　1922年　鉛筆畫　21.9×31cm　私人收藏

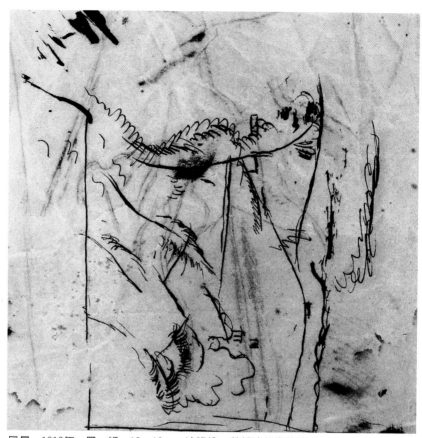

風景　1913年　墨、紙　18×19cm　波隆納，莫朗迪美術館藏

風景　1913年　墨、紙　18×19cm　波隆納，莫朗迪美術館藏

靜物　1933年　素描　23.6×
23cm　紐約現代美術館藏

貝殼　1932年　素描　18.4×
25.8cm　私人收藏（左頁上圖）

貝殼　1932年　素描　18.4×
25.8cm　私人收藏（左頁下圖）

靜物　1945年　素描　22.5×31.5cm　私人收藏

風景　1946年　鉛筆畫　16.1×24.1cm　德國弗萊堡，藝術與「藝術科學」學院藏

182

靜物　1948年　石墨、紙　10.3×14.5cm　私人收藏

靜物　1948年　鉛筆畫　22.5×32.4cm

瓶子與水罐　1952年
石墨、紙　22.5×
26.5cm　林肯市内布拉
斯加大學藏

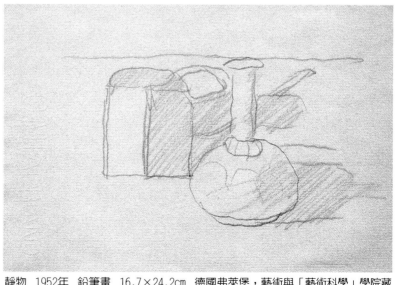

靜物　1949年　鉛筆畫
14×21.1cm（左頁上圖）

靜物　1949年　鉛筆畫
14×21.1cm（左頁下圖）　靜物　1952年　鉛筆畫　16.7×24.2cm　德國弗萊堡，藝術與「藝術科學」學院藏

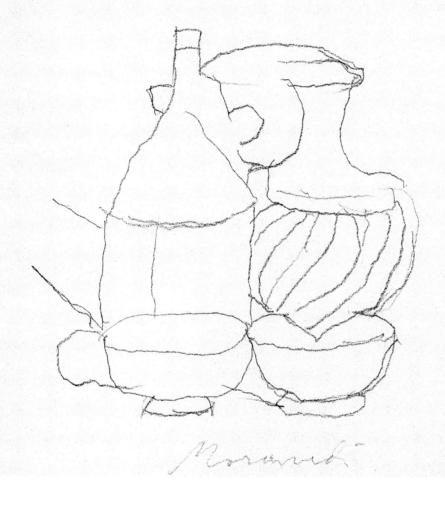

静物　1956年　鉛筆畫　17.9×
20.7cm　德國弗萊堡，藝術與
「藝術科學」學院藏

静物　1957年　石墨、紙　15.7
×23cm　私人收藏（左頁上圖）

静物　1958年　石墨、紙　16.5
×24cm　波隆納，莫朗迪美術館
藏（左頁下圖）

靜物　1960年　鉛筆畫
21.9×29.9cm　私人收
藏

靜物　1962年　鉛筆畫
16.5×24cm

靜物　1958年　鉛筆畫
15×22.5cm（左頁上圖）

花　1961年　素描
16.5×23.9cm　私人收
藏（左頁下圖）

花　1961年　素描
14.8×21.6cm　私人收
藏

靜物　1963年　鉛筆畫
16.5×24cm

風景　1962年　鉛筆畫
19.2×23.9cm　德國弗
萊堡，藝術與「藝術科
學」學院藏（左頁上圖）

風景　1962年　鉛筆畫
16.7×24cm（左頁下圖）

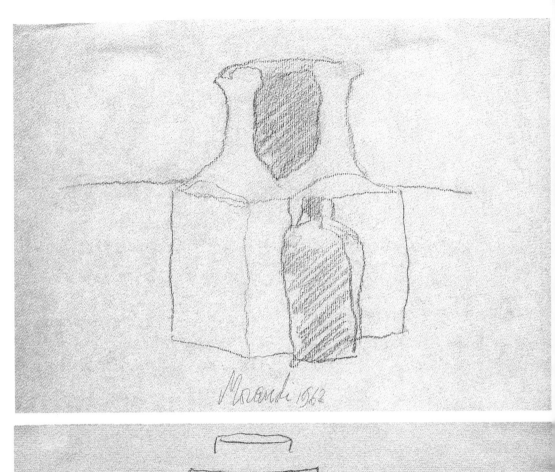

靜物　1962年　鉛筆畫　27.3×19.1cm　德國弗萊堡，藝術與「藝術科學」學院藏
靜物　1962年　鉛筆畫　19.3×27.2cm　私人收藏（左頁上圖）
靜物　1963年　鉛筆畫　16.8×24.2cm　德國弗萊堡，藝術與「藝術科學」學院藏（左頁下圖）

靜物　1963年　鉛筆畫　20.9×
30.8cm

靜物　1963年　鉛筆畫　24×
16cm

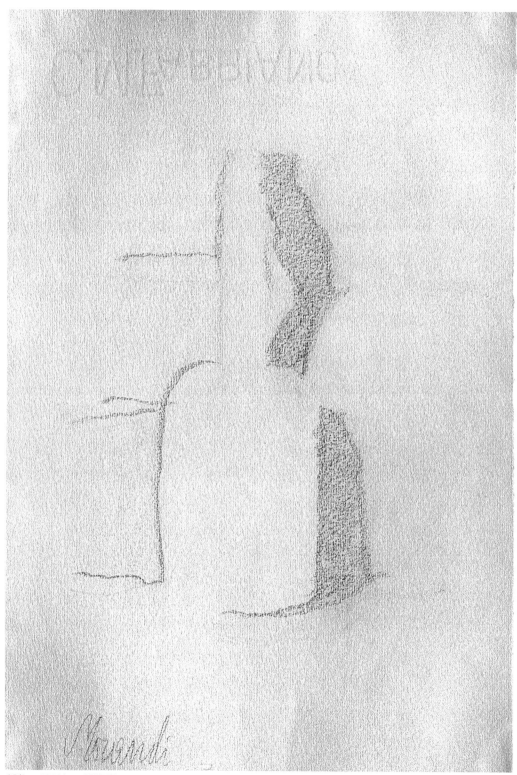

靜物　1963年　鉛筆畫　19.3×27.4cm　私人收藏

靜物　1963年　鉛筆畫　12.2×
16.6cm

靜物　1963年　鉛筆畫　19.3×
27.4cm　私人收藏（右頁圖）

喬吉歐·莫朗迪
版畫作品欣賞

有瓶子的靜物　1921年　蝕刻版畫　10×11.8cm
糖罐、貝殼與水果的靜物　1921年　蝕刻版畫　10.8×13.2cm（右頁上圖）
波吉歐的風景　1927年　蝕刻版畫　23.4×29cm　弗里市鎮美術館藏（右頁下圖）

鄉村之路　1927年　蝕刻版畫
19.5×26.1cm　私人收藏

波吉歐的風景—早晨　1927年
蝕刻版畫　18.2×23.4cm　弗里
市鎮美術館藏（右頁圖）

左邊有織物的靜物
1927年　蝕刻版畫
24.9×35.8cm　私人收
藏

格里查納的三間鄉居
1929年　蝕刻版畫
25.1×30.1cm　波隆
納，莫朗迪美術館藏

格里查納的屋舍　1927
年　蝕刻版畫　26.1×
20cm　私人收藏（右頁
圖）

有油燈的大靜物　1930年　蝕刻
版畫　30.5×36.2cm　私人收藏

左邊有白色小杯的靜物　1930年
蝕刻版畫　18.7×28.6cm　德國
弗萊堡，藝術與「藝術科學」學
院藏（左頁上圖）

桌上的多樣物件　1931年　蝕刻
版畫　17.5×19.4cm　德國弗萊
堡，藝術與「藝術科學」學院藏
（左頁下圖）

瓶內的蘭花　1932年
蝕刻版畫　20.1×
19.3cm

瓶子與三物件的大圓環
形靜物畫　1946年　蝕
刻版畫　32.5×25.8cm

桌上有瓶的靜物　1931
年　蝕刻版畫　24.9×
33.6cm　私人收藏（右
頁上圖）

風景　1932年　蝕刻版
畫　20.8×33.2cm　德
國弗萊堡，藝術與「藝
術科學」學院藏（右頁
下圖）

Morandi 1932

條紋瓶子上的茉莉花　1931～32年　蝕刻版畫　31.7×24.8cm　私人收藏

格里查納的風景　1932年　蝕刻版畫　29.9×23.9cm　波隆納，莫朗迪美術館藏

Morandi 1961

四物件、三個瓶的靜物　1961年　蝕刻版畫　12.3×15.7cm　德國弗萊堡，藝術與「藝術科學」學院藏
九物件的靜物　1954年　蝕刻版畫　18×25cm　私人收藏（左頁上圖）
三物件的小靜物　1961年　蝕刻版畫　12.3×15.7cm　德國弗萊堡，藝術與「藝術科學」學院藏（左頁下圖）

喬吉歐・莫朗迪年譜

一八九〇　喬吉歐・莫朗迪七月廿日生於義大利波隆納，他是安德列阿和瑪利亞・馬卡費里五個孩子中的老大。

一九〇七　十七歲。註冊波隆納美術學院，進預修班，接著修一般課程直到一九一〇年，然後主修人物畫，在一九一三年結業。同學中有歐斯瓦都・里奇尼（Osvaldo Licini）和塞維羅・波查提（Severo Pozzati）。

一九〇八　十八歲。參觀第八屆威尼斯雙年展。

一九一〇　廿歲。重返威尼斯參觀第九屆雙年展。他特別欣賞雷諾瓦專室展出的卅七件作品。
　　　　　到翡冷翠參觀烏菲茲美術館和重要教堂。特別注意到喬托、馬薩其歐和烏切羅的作品。

一九一一　廿一歲。參觀義大利統一五十週年紀念的羅馬國際博覽會，他得以看到莫內、塞尚的油畫，和中國、日本的東方水墨畫。

一九一二　廿二歲。作蝕刻版畫〈波隆納撒維那河上的橋〉，開始了他的版畫作品。先前的一些試驗作品毀去。

一九一三　廿三歲。第一次到格里查納度夏天的假期，畫了一些風景。
　　　　　一九一三年三月至一九一四年一月間，參加未來主義

莫朗迪（中）與父母、弟妹合影於1902年　　　　　　　　　莫朗迪攝於1907～08年

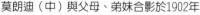

　　　　畫家在莫典那、翡冷翠與波隆納的晚間聚會。

一九一四　廿四歲。三月廿一、廿二日與歐斯瓦都・里奇尼、馬
　　　　利歐・巴切里（Mario Bachelli）、賈科莫・維斯皮里阿
　　　　尼（Giacomo Vespignani）和塞維羅・波查提（Severo
　　　　Pozzat）共同展覽於波隆納的巴里昂尼館，展出十三
　　　　幅油畫、四幀鉛筆素描。

　　　　以在波隆納展過的一幅〈靜物〉和一幀素描，莫朗迪
　　　　參加了羅馬斯波維耶里畫廊四月十三日舉行的首屆
　　　　「未來主義自由展」。

　　　　受邀展於第二屆「羅馬分離派展」，他送展一幅一九一
　　　　三年畫的〈雪景〉。他欽佩馬諦斯的畫作和塞尚的水彩
　　　　畫，深入探討後者，讓這位法國普羅旺斯省的畫家，
　　　　反應在自己的畫面上。塞尚的畫自一九〇九年起，莫
　　　　朗迪就從維多利歐・皮卡（Vittorio Pica）所寫的，出
　　　　版在一九〇八年的《印象主義畫家》中的圖片上揣

摩。

秋天，他開始在小學任圖畫老師，直到一九二九年。

一九一五　廿五歲。受動員派遣到帕爾瑪手榴彈第二軍團，由於嚴重病痛，莫朗迪只服役了一個半月便送到醫院，之後復元。

一九一六～一九一七　廿六至廿七歲。這兩年留下很少作品，雖然十分努力反思與嘗試。這時的工作讓他得以在較後加入「形而上畫派」的領域發展。

一九一七年冬天他又重病。

一九一八　廿八歲。三月十八日，《羅馬時報》（Il Tempo）刊載了里卡多・巴切里寫的莫朗迪專論。《蒐藏》雜誌，刊載久塞帕・萊蒙第為莫朗迪寫的一篇文章的部分，並且將莫朗迪的一幀版畫作插圖。

一九一九　廿九歲。萊蒙第將莫朗迪介紹給喬吉歐・德・基里訶和卡羅・卡拉，並把他帶進以《蒐藏》雜誌為中心的詩人與作家當中。

《造形價值》（1918～1921）的創辦人馬利歐・博羅格里歐（畫家兼藝評家），簽給莫朗迪一紙合同，經營莫朗迪的作品，此合同一直持續到一九二四年。

一九二一～一九二二　卅一至卅二歲。博羅格里歐在柏林與其他德國城市如漢諾夫、漢堡等地籌辦畫展，為莫朗迪、卡拉、德・基里訶、A・馬提尼、梅里（Melli）、愛迪士・瓦特羅瓦納（Edith Walterowna）、查德金（Zadkine）等集體展出。

莫朗迪參加一九二二年的「翡冷翠春季展」，目錄由德・基里訶執筆，德・基里訶稱在各個參展人中，莫朗迪的繪畫是歐洲最後的深刻藝術，最平凡物件的形而上呈現。

一九二六～一九三〇　卅六至四十歲。雖然不屬於瑪格利塔・撒

莫朗迪位於格里查納的家屋

莫朗迪位於封達查街的畫室（右頁圖）

214

義大利達庫秀宮正面外觀，莫朗迪美術館於達庫秀宮二樓（劉永仁提供）

法提團體，他參加了兩次義大利「一九○○年」（廿世紀）展。一九二六年與一九二九年，與在米蘭展出的《野人》（Il Selvaggio）雜誌（1924年創刊，米諾・馬卡里〔Mino Maccari〕主編）支持的藝術家共同參加一九二七年翡冷翠舉辦的第一屆國際現代版畫展。

一九二八　卅八歲。受威尼斯雙年展之邀，在「黑白室」展出四幅蝕刻版畫和其他畫作，一九三○年的雙年展他展出四幅油畫和兩幅蝕刻版畫。

一九三○　四十歲。莫朗迪也參加巴黎國家圖書館版畫展。

喬吉歐‧莫朗迪

莫朗迪（右）與其妹妹安娜（中）攝於格里查納家門外

一九三一　四十一歲。受邀為第一屆羅馬國家藝術四年展的籌辦
　　　　　人與展出者。雅典舉行「義大利一週」的活動，莫朗
　　　　　迪的作品受邀展出。

一九三二　四十二歲。由於他聲譽漸隆，波隆納的美術學院為他
　　　　　設版畫講座，直到一九五六年退休。三月十日出刊的
　　　　　《義大利人》（I'Italiano），整版刊載阿登哥‧索非奇為
　　　　　莫朗迪所寫的文章。

一九三三　四十三歲。受邀參展維也納「現代義大利美術展」。

一九三四　四十四歲。參加威尼斯雙年展。

莫朗迪的工作室（劉永仁提供）

一九三五 四十五歲。再次承擔羅馬國家藝術四年展的籌辦人與
展出者。展於巴黎小皇宮和網球場美術館。

一九三九 四十九歲。第三屆羅馬國家藝術四年展，莫朗迪有一
專室展覽。他展出四十二幅油畫、十二幅蝕刻版畫和
兩幅素描。他獲得油畫第二獎。
受美國舊金山「金門展覽」籌辦人之邀，莫朗迪送展
一組重要畫作。

一九四三 五十三歲。五月廿三日，因其與一些行動黨人之關
係，遭受政治警察逮捕。莫朗迪受拘禁一星期，後與

其姐避居格里查納。

一九四四　五十四歲。九月初回到波隆納（這時亞平寧地區在遭到攻擊與空襲之後，情況更不穩定，是德軍最後的防線，可能受聯軍第五縱隊襲擊）。莫朗迪此時完成幾件代表作，如法蘭切斯哥·阿干傑里所說的，是莫朗迪作品的「大季節」。

一九四八　五十八歲。成爲羅馬聖·路克學院院士。獲得威尼斯雙年展繪畫第一獎。在該院籌辦「一九一○到一九二○年的三名畫家」之展覽中，與卡羅·卡拉、喬吉歐·德·基里訶同時展出十一幅畫，由法蘭切斯哥·阿干傑里爲文解說。

卡羅·阿貝托·佩特魯齊在羅馬國家美術院籌辦一個包括八十八幅蝕刻版畫的莫朗迪回顧展，要讓大家認識到莫朗迪版畫的重要性，莫朗迪達到本世紀版畫領域中最高的成就。

接著數年重要的展覽接續，如布魯塞爾美術館的展出等等。

一九五○　六十歲。在盧干諾（Lugano）「國際黑白展」獲得第一獎。

以十五幅畫參加倫敦泰德美術館的「現代義大利藝術展」。

六幅畫參加巴黎國立美術館的現代義大利美展。

一九五三　六十三歲。參加第二屆巴西聖保羅雙年展，獲得版畫大獎。

一九五六　六十六歲。莫朗迪到瑞士文特圖爾，在該地的美術協會做個人展覽，展出五十六幅油畫及數幀素描。

一九五七　六十七歲。獲第四屆聖保羅雙年展油畫大獎。

在慕尼黑與紐約展出。

埃諾迪出版社出版莫朗迪的《圖式歌劇》（Opera Grafica）畫冊，印有一百件作品及一件版畫的圖片。

一九六二　七十二歲。獲得德國城市西根（Siegen）魯本斯獎。

莫朗迪生平收藏的各式瓶罐（劉永仁提供）（右頁圖

喬吉歐·莫朗迪　1953年

六十歲的莫朗迪
莫朗迪攝於格里查納寓所門前（右圖）

莫朗迪畫室中的物件

一九六三　七十三歲。獲波隆納城市的Archiginasio金獎。
　　　　　日內瓦克魯格畫廊舉行莫朗迪個展，展出大約一百一
　　　　　十件作品。
一九六四　七十四歲。二月畫最後一幅畫。
　　　　　在近一年病痛後，莫朗迪於六月十八日逝於波隆納。

國家圖書館出版品預行編目資料

莫朗迪：形而上風景靜物大師＝
Giorgio Morandi／陳英德、張彌彌合著--
初版. -- 臺北市：藝術家，2003〔民92〕
面；17×23公分.--（世界名畫家全集）

ISBN 986-7957-97-0（平裝）

1. 莫朗迪（Giorgio Morandi, 1890-1964）—傳記
2. 莫朗迪（Giorgio Morandi, 1890-1964）—作品研究
3. 畫家—義大利—傳記

940.9945 92017530

世界名畫家全集

莫朗迪 Giorgio Morandi

何政廣／主編　陳英德、張彌彌／合著

發 行 人　何政廣
編　　輯　王庭玫・黃郁惠・王雅玲
美　　編　曾小芬
出 版 者　藝術家出版社
　　　　　台北市重慶南路一段147號6樓
　　　　　TEL：(02) 2371-9692～3
　　　　　FAX：(02) 2331-7096
　　　　　郵政劃撥：01044798 藝術家雜誌社帳戶
總 經 銷　藝術圖書公司
　　　　　台北市羅斯福路三段283巷18號
　　　　　TEL：(02) 2362-0578　2362-9769
　　　　　FAX：(02) 2362-3594
　　　　　郵政劃撥：00176200 帳戶
分　　社　台南市西門路一段223巷10弄26號
　　　　　TEL：(06) 261-7268
　　　　　FAX：(06) 263-7698
　　　　　台中縣潭子鄉大豐路三段186巷6弄35號
　　　　　TEL：(04) 2534-0234
　　　　　FAX：(04) 2533-1186
製版印刷　新豪華製版・宗德印刷承製
初　　版　2003年10月
定　　價　新臺幣480元

ISBN　986-7957-97-0（平裝）

法律顧問　蕭雄淋